CW01671811

# CARNIVORES

JEAN-JACQUES LABAT

# Plantes carnivores

COMMENT LES CHOISIR ET LES CULTIVER FACILEMENT

ULMER

# Sommaire

# PRÉFACE

▲ Les péristomes singuliers de couleur rouge du *Nepenthes ventricosa* font penser à des écharpes qui entourent délicatement l'ouverture des urnes.

Plantes carnivores ; deux mots qui, juxtaposés, ont quelque chose d'antonymique. En effet ces plantes bougent, capturent des animaux et s'en nourrissent ; sont-elles vraiment des plantes ? Elles ont pourtant des fleurs charmantes ; elles scintillent de gouttelettes délicates et, telles des fées, habitent d'étranges marécages. Les plantes carnivores fascinent ; mais comment les connaître, comment les apprivoiser et les cultiver ? Jean-Jacques Labat, homme de savoir et de passion, répond à vos attentes, il met sa grande expérience à la portée de tous. Après avoir présenté, en mots simples et clairs, les particularités de leur biologie, il donne les techniques de culture qui permettent de voir prospérer, chez soi, des plantes carnivores.

Au chapitre suivant, Jean-Jacques Labat prend son lecteur par la main ; il fait découvrir au néophyte les espèces les plus faciles à cultiver, donnant pour chacune les conseils judicieux qui permettront de les cultiver avec succès. Puis il s'adresse au lecteur qui a déjà réussi ses premiers essais ; et enfin à l'amateur chevronné, qui déjà connaît les arcanes de la culture des plantes carnivores. Au fil des pages chacun découvrira l'origine, l'écologie, les exigences des plantes qu'il peut cultiver selon ses compétences ; et chacun pourra progresser, et cultiver des plantes plus nombreuses, plus insolites, plus attachantes. Jean-Jacques Labat nous offre un ouvrage pratique et riche, ouvrage dans lequel les familiers des plantes carnivores puiseront avec plaisir, et grâce auquel les curieux découvriront le bonheur de les cultiver et de les voir prospérer.

*Aline Raynal-Roques*
*Professeur, Muséum national d'Histoire naturelle*

# Qu'est-ce qu'une

Le petit monde des amateurs est divisé en deux: ceux qui les qualifient d'insectivores, et ceux qui leur préfèrent le terme de carnivores. Pour les premiers, il existe peut-être une méconnaissance du type de proies capturées, ou plus profondément la crainte de voir un végétal carnivore exister, bouleversant ainsi l'ordre naturel et rassurant des choses qui veut que ce soit la chenille qui dévore la salade. Ici, c'est l'inverse!
Les seconds ont une connaissance de la diversité des victimes, et à travers le terme « carnivore » courent sans doute encore après un vieux rêve d'enfant: le mythe, presque réalisé, du végétal anthropophage...
Mais ces plantes n'ont pas vraiment tranché la question. Elles digèrent, bien sûr, majoritairement des insectes, papillons, mouches, petits crustacés, mais aussi parfois des vers et même de petits mammifères de la taille d'un rat (certains *Nepenthes*). Pour ma part, j'ai pu observer sur mes Dionaea des captures d'insectes (mouches...), de gastéropodes (limaces...) et de batraciens (tritons et grenouilles).

## UNE ADAPTATION AUX MILIEUX PAUVRES

L'apparition de la carnivorité chez les plantes est difficile à déceler. Pas vraiment de date, on connaît quelques fossiles dont les plus anciens remontent à 85 millions d'années et

▸ À gauche, le rare *Drosera anglica* en milieu naturel, dans le Jura. À droite, la floraison d'*Utricularia australis*.

# plante carnivore ?

qui semblent être des ancêtres d'*Aldrovanda vesiculosa*. Pour l'origine, on doit plutôt évoquer un long cheminement, différent d'un groupe de plantes à l'autre, conduisant certaines espèces vers la capture de proies, puis, fait essentiel, à leur digestion. Leur alimentation, ainsi enrichie en éléments nutritifs, leur permet de s'adapter aux milieux très pauvres où on les rencontre essentiellement : tourbières acides, eaux acides, sols sableux lessivés, et, parfois, habitats épiphytes. Encore faut-il préciser que la notion de milieux « pauvres » ou « carencés » est toute relative puisqu'ils constituent l'habitat normal des plantes carnivores. Ce que nous appelons des milieux « riches », ou « normalement pourvus », peuvent leur être tout à fait toxiques… Elles s'y trouvent, par ailleurs, confrontées à la concurrence des végétaux classiques, qui prennent alors le dessus.

▾ Biotope typique à *Pinguicula grandiflora* dans les Pyrénées, ici une forme aux couleurs de fleurs inhabituelles.

Sur un total d'environ 350 000 espèces de plantes à fleurs, seules quelque 650 sont recensées comme carnivores, ce qui est très peu. Elles se répartissent en 9 ou 10 familles, 17 ou 18 genres. (Il faut également signaler que plus de 150 champignons ont aussi opté pour ce type de nutrition). Seuls les genres *Brocchinia, Catopsis* (famille des *Bromeliaceae*) et *Paepalanthus* (famille des *Eriocaulaceae*) sont des monocotylédones. Les autres genres sont tous des dicotylédones. Certains genres se retrouvent sur tous les continents, comme *Utricularia* et *Drosera*, qui représentent à eux deux les trois quarts des espèces. D'autres, comme *Cephalotus* en Australie, sont très localisés. Seuls les vrais déserts et les pôles en sont dépourvus. Terrestres, aquatiques ou épiphytes (c'est-à-dire vivant sur les branches et

▸ Les fleurs des plantes carnivores sont souvent situées au sommet de longues tiges très éloignées des pièges, mortels pour les pollinisateurs potentiels.

les troncs d'arbres et non dans le sol), ces végétaux occupent des biotopes variés (marais, tourbières, savanes marécageuses, lacs...) et des altitudes diverses, du niveau de la mer à plus de 3000 mètres. La flore française compte plus de 20 taxons sauvages (espèces, sous-espèces, variétés, formes et hybrides naturels) : 4 droséras, 13 grassettes (*Pinguicula*), 6 utriculaires et 1 Aldrovanda (?).

## LES TYPES DE PIÈGES

Les mécanismes servant à attirer, guider, voire capturer temporairement les animaux, ne sont pas spécifiques aux plantes carnivores. Ils sont monnaie courante chez les plantes à fleurs où couleurs, parfums, et nectar n'ont pour autre but que d'assurer la reproduction. Avec les plantes carnivores, ces artifices ne servent pas à la reproduction mais à la nutrition, en guidant les futures proies vers les pièges où elles seront capturées puis digérées. Il faut noter que seules les feuilles forment des pièges et jamais les fleurs : c'est que les plantes carnivores ont aussi besoin, parfois, d'insectes vivants pour assurer leur pollinisation. Aussi leurs fleurs se trouvent-elles souvent à l'extrémité de longs pédoncules soigneusement éloignés des zones de capture !

Les pièges sont séparés en deux groupes : actifs et passifs. Les premiers possèdent un mouvement plus ou moins rapide de fermeture ou d'enroulement des feuilles sur leurs proies. Les seconds n'en possèdent aucun. Ils sont de forme et de taille très variables, souvent d'une grande ingéniosité. Les différents systèmes sont les suivants :

▾ Le piège à loup de la dionée et ses poils sensibles sur la face intérieure.

– Pièges à loup de *Dionaea* et *Aldrovanda* : constitués par une mâchoire, ils se referment rapidement en 1/30 s à 1/50 s. Le piège de la dionée est bien connu : son mécanisme est actionné par des petits poils sensibles situés à l'intérieur du piège. Les proies y sont attirés par la coloration rouge des lobes et la présence de glandes nectarifères. Il faut noter que le piège ne se referme qu'au deuxième contact avec un des poils sensibles, ce qui permet d'éviter les fermetures inutiles. Chez *Aldrovanda*, le mécanisme est similaire, quoique le piège ne mesure que quelques millimètres et que les captures sont aquatiques.

▲ Pièges à glu de *Drosera burmannii* (à gauche) et d'*Ibicella lutea* (à droite).

– Pièges à glu de *Byblis*, *Drosera*, *Drosophyllum*, *Ibicella*, *Pinguicula*, *Triphyophyllum*. Ces plantes sécrètent des gouttelettes adhésives (des mucilages), sur lesquelles les proies se collent. La capture est passive, mais chez les droséras on assiste ensuite à un repli progressif de la feuille autour de la proie, qui multiplie ainsi la surface de contact et améliore la digestion. De même, le limbe des feuilles des grassettes (*Pinguicula*) se replient sur leurs bords. Les autres plantes de ce groupe restent totalement passives.

– Piège à aspiration des utriculaires (*Utricularia*). Il s'agit d'outres disposées le long des racines qui sont munies d'un clapet dont l'ouverture commandée par des cils sensibles, entraîne l'aspiration de leurs minuscules proies en 1/50 s à 1/500 s. Les utriculaires, très discrètes et méconnues, constituent à elles seules près de la moitié de toutes les espèces de plantes carnivores. Elles sont aquatiques, mais aussi terrestres ou épiphytes.

◂ Pièges à aspiration des utriculaires.

– Piège en nasse de *Genlisea* : cette plante, vivant dans la vase ou le sable humide, possède des pièges en tubes spiralés, dans lesquels les minuscules proies pénètrent. Retenues par une pilosité à rebrousse-poil, elles sont progressivement digérées au cours de leur trajet vers une « chambre » où elles sont finalement assimilées.

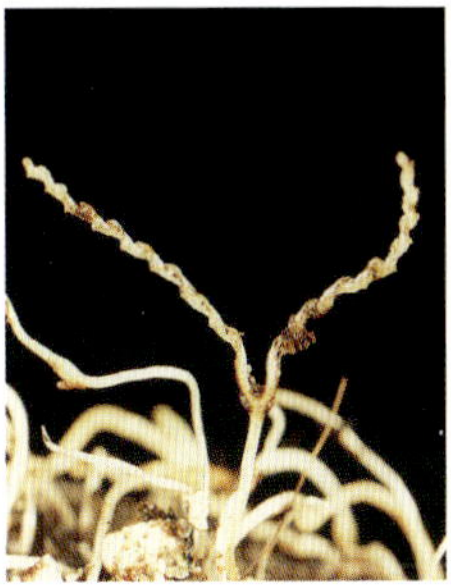

◂ Piège en nasse de *Genlisea*.

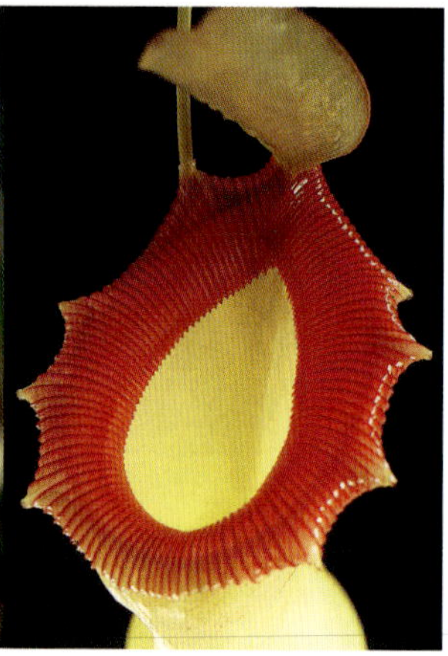

▲ Pièges à urnes d'*Heliamphora*, à gauche, *Sarracenia* au milieu, et *Nepenthes*, à droite.

– Pièges à urnes de *Brocchinia, Catopsis, Cephalotus, Darlingtonia, Heliamphora, Nepenthes, Paepalanthus, Sarracenia*: évoquant des tubes, des vases, des cornets, des souliers ou des nasses, ces feuilles transformées, nommées dans le langage botanique « ascidies », forment des pièges d'où les proies n'arrivent plus à s'échapper. En aucun cas les clapets qui se trouvent au sommet de certaines de ces urnes ne se referment sur leurs proies: la capture reste passive. On distingue parfois trois zones: une première zone, destinée à attirer les insectes au moyen de nectar et de couleurs remarquables; une deuxième zone, cireuse, sur laquelle les insectes glissent; une troisième zone, enfin, dans le fond de l'urne, remplie d'eau ou de sucs digestifs dans lesquels les insectes se noient et sont digérés.
Pour mémoire, les champignons *Holenbuehelia, Resupinatus*, quant à eux utilisent des disques adhésifs, d'autres des nœuds coulants.

▸ Coupe d'une urne de *Nepenthes* (*N. vieillardii* prise dans son habitat naturel en Nouvelle Calédonie).

## LA DIGESTION

Plus que la capture des proies, c'est la capacité à les digérer qui caractérise les plantes carnivores.
Car il existe bien d'autres plantes qui piègent des insectes, sans apparemment en tirer un quelconque profit. Pierre Jolivet, dans son livre *Les plantes carnivores*, nous en donne un vaste panorama : certaines comme les *Roridula*, développent une pilosité visqueuse similaire à certaines plantes carnivores. De très nombreux insectes s'y trouvent de fait piégés, mais semblent n'apporter aucun bénéfice à la plante. Par contre de nombreux « squatters » (araignées, punaises…), qui vivent impunément sur la plante, profitent de cette manne.
D'autres très courantes dans nos jardins ou nos maisons, *Petunia violacea, Lychnis viscaria, Salvia glutinosa* (sauges), *Dipsacus* (cardères) et même la tomate capturent des insectes grâce à leurs poils plus ou moins gluants, mais rien n'est venu confirmer leur caractère carnivore. On pourrait allonger la liste avec certains arbres, des végétaux parasites, des graines… Tous ces végétaux sont-ils sur la voie, ou déjà en quelques sortes des protocarnivores ? Rien ne nous permet de le dire. Ce qui est sûr, c'est que les vraies plantes carnivores se distinguent par leur capacité à digérer leurs proies et à en tirer un profit direct. Pour ce faire, elles procèdent de deux façons :
– soit par digestion enzymatique, pour la majeure partie des genres : *Aldrovanda, Byblis (?), Cephalotus, Darlingtonia, Dionaea, Drosera, Drosophyllum, Genlisea, Ibicella (?), Nepenthes, Pinguicula, Sarracenia, Triphyophyllum, Utricularia.* Une ou plusieurs enzymes sont directement produites par la plante (acide phosphatase, amylase, estérase, invertase, lipase, peroxydase, protéase, ribonucléase)
– soit par digestion bactérienne pour quelques genres à urnes qui ne possèdent pas d'enzymes : *Brocchinia, Catopsis, Heliamphora et Paepalanthus.* On qualifie ces végétaux de protocarnivores. Ce sont uniquement les bactéries vivant dans les urnes qui provoquent la digestion des proies et libèrent les éléments nutritifs qui seront ensuite absorbés par la plante.

▲ Urne de *Nepenthes* 'Emmarene'.

▸ Pour les mouches, les dionées sont de véritables pièges à loup.

# Cultivez vos

Comme nous l'avons vu, on regroupe sous l'appellation « carnivores » des plantes d'origines et de fonctionnements très divers, dont découlent des besoins différents. Toutefois, ces plantes sont dans leur ensemble des plantes pionnières, poussant dans des milieux ouverts et pauvres en éléments nutritifs, et qui ont horreur de la compétition des autres plantes. À quelques exceptions près, que nous aborderons au cas par cas, elles ont en commun quatre exigences essentielles qu'il faut toujours garder à l'esprit pour réussir leur culture:

1) Elles sont très exigeantes en lumière.
2) Il faut leur procurer de l'eau se rapprochant le plus possible de l'eau de pluie pure.
3) Elles ont besoin d'un substrat spécifique, généralement pauvre en éléments nutritifs.
4) Enfin, et c'est un des points clés trop souvent sous-estimé: il leur faut de gros volumes de substrat, quitte à ce que la grosseur du contenant paraisse disproportionnée par rapport à leur taille. L'esthétique doit passer après le bien-être des plantes!

▾ Les *Drosera*, appelés couramment "Rossolis" ou "Rosée du Soleil", doivent leur nom à l'éclat particulier du soleil à travers leurs mucilages, leur donnant ainsi l'aspect de la rosée. (Ici *Drosera* x *beleziana*).

## LA LUMIÈRE

Elle est essentielle pour toutes les plantes carnivores (exception faite des champignons dont la culture ne concerne pas cet ouvrage). Elle permet, comme pour les autres végétaux, la réalisation de la photosynthèse par les feuilles, même si ces dernières cumulent une fonction carnivore.

Contrairement à ce qu'on pourrait croire, la « carnivorité » ne se substitue pas à la photosynthèse: alors que cette dernière permet à la plante de produire des sucres, et donc de l'énergie, les proies procurent aux plantes carnivores l'azote (entre autres), que les autres plantes se procurent normalement dans le sol, et qui sert à la fabrication des protéines.

## LES EXIGENCES DES PLANTES

– La majorité des plantes carnivores sont des plantes de milieux ouverts, correspondants à des stades de végétation pionniers ou bloqués : elles ont en conséquence besoin du plein soleil.
– On peut noter deux exceptions : les genres *Pinguicula* et *Nepenthes* qui, tout en ayant aussi de gros besoins en lumière, n'exigent pas forcément le plein soleil, mais préfèrent des lumières tamisées (voir fiches de culture).

## LA LUMIÈRE D'ORIGINE NATURELLE

Chaque fois que cela est possible, optez pour celle-ci. Qu'elle soit directe (soleil) ou indirecte (rayons du soleil atténués), elle est le gage de plantes saines et vigoureuses, résistant bien aux maladies, et contribue au chatoiement des couleurs du feuillage.
– À l'extérieur : en grands pots ou en tourbières aménagées, les *Dionaea*, *Drosera*, *Sarracenia* exposés au soleil direct pendant toute la journée auront une croissance optimale. *Darlingtonia* préfère une semi-ombre.
– À l'intérieur : placez-les dans les diverses pièces de la maison, en tenant compte des températures et de l'orientation des fenêtres. Au sud ou au sud-ouest l'hiver, à l'est ou à l'ouest l'été (le soleil direct à travers les vitres risquant de brûler les plantes en été).
La distance par rapport à une vitre doit être de 15 à 20 cm et au même niveau que celle-ci. Il faut proscrire les emplacements sous les fenêtres de type « Velux », car la luminosité y est insuffisante, ainsi que les vitres opaques (verre dépoli, « à bulles », ou « cathédrale »), qui filtrent trop la lumière. Les salles de bains munies d'une fenêtre conviendront bien aux *Nepenthes* les plus faciles, à condition de les placer tout près de la vitre (pour les *Nepenthes* plus délicats, la serre chaude ou le terrarium sont la seule solution).

### LA LUMIÈRE D'ORIGINE ARTIFICIELLE

À l'intérieur, l'utilisation de néons en complément l'hiver est envisageable. Il faut cumuler ceux dits « blanc industriel » et ceux « lumière du jour ». Certaines personnes n'utilisent même que cet apport pour les faire croître, comme les *Nepenthes*, *Cephalotus*, certains *Drosera* et *Pinguicula*. Des expériences pratiquées sur les Pinguicula d'altitude montrent qu'un apport supplémentaire d'ultraviolets leur est profitable.

#### CE QU'IL FAUT RETENIR SUR LA LUMIÈRE ET LA FERTILISATION

- Toutes les espèces de plantes carnivores sont très exigeantes en lumière.
- La majorité a besoin d'un ensoleillement direct.
- Nepenthes et Pinguicula préfèrent une lumière tamisée.

## LA TEMPÉRATURE

Le choix et l'achat des espèces devraient en partie être conditionnés par les températures que vous pourrez leur fournir dans la maison ou à l'extérieur. On peut, en simplifiant, les classer en trois groupes :

### LES ESPÈCES DE ZONES FROIDES

Ce sont celles qu'on peut conserver toute l'année au jardin, car elles résistent dans certaines conditions au gel :
– en tourbières aménagées (et non en pots, dont les petits volumes n'ont pas toujours l'inertie thermique suffisante pour que les plantes résistent aux variations rapides de température) : *Dionaea, Darlingtonia, Drosera* de l'hémisphère nord et de Nouvelle- Zélande, *Pinguicula* de l'hémisphère nord, toutes les *Sarracenia*.
– en bassin : *Aldrovanda vesiculosa, Utricularia* de l'hémisphère nord. Ces plantes aquatiques forment des organes de survie nommés hibernacles, qui coulent au fond de l'eau en hiver, et leur permettent de passer la mauvaise saison au repos. Le bassin doit être suffisamment profond pour que le fond ne gèle pas.

– en pleine terre: *Ibicella* (en fait, plante annuelle qui meurt en hiver et passe l'hiver sous forme de graine).

## LES ESPÈCES DE ZONES TEMPÉRÉES

Ce sont celles qu'il faut tenir hors-gel, mais qui ont besoin d'un hiver marqué et d'une variation de la longueur du jour au cours de l'année. On les cultive en pots, en bacs, ou en tourbière aménagée, dans une véranda, une serre froide, ou à l'intérieur de la maison dans la mesure où il est possible de les placer dans une pièce fraîche, ne dépassant pas 15 °C, pendant les trois mois d'hiver. En règle générale, les espèces en pots les moins fragiles pourront être sorties dès la fin des gelées pour profiter pleinement de la lumière, toujours limitante à l'intérieur.

– *Aldrovanda vesiculosa*, *Brocchinia reducta*, *Byblis liniflora* (plante annuelle) et *B. gigantea*, *Cephalotus*, *Dionaea*, majorité des *Drosera* (africains, australiens, d'Amérique du Sud), *Drosera* de l'hémisphère Nord (possibles dans cette catégorie, mais il est préférable de les cultiver à l'extérieur si l'on veut les conserver sur le long terme), *Drosophyllum*, *Heliamphora*, *Ibicella* (plante annuelle), *Pinguicula* mexicaines, toutes les *Sarracenia*, grande majorité des *Utricularia* sauf les tropicales.

▾ Si on le souhaite, *Pinguicula* 'Tina' peut croître toute l'année dans la zone chaude en compagnie des *Nepenthes*.

## LES ESPÈCES DE ZONES CHAUDES

Ce sont les espèces qui doivent être cultivées en serres chaudes, vérandas chauffées ou à l'intérieur de la maison dans la mesure où on peut leur procurer une hygrométrie suffisante (salle de bain lumineuse, terrarium...), car la plupart ont aussi besoin d'une forte humidité: formes tropicales d'*Aldrovanda vesiculosa*, *Brocchinia* (mais préfère un écart de température jour-nuit plus important), *Catopsis*, *Byblis liniflora*, *Genlisea*, *Heliamphora* (mais préfère un écart de température jour-nuit plus important), tous les *Nepenthes*, *Pinguicula* tropicales (Cuba...), *Utricularia* tropicales.

## BESOINS DES PLANTES CARNIVORES EN TEMPÉRATURE

| | Zone froide | Zone tempérée | Zone chaude |
|---|---|---|---|
| **Été Jour** | 16 à 20 °C | 20 à 25 °C | 25 à 35 °C |
| **Été Nuit** | 5 à 10° | 13 à 15° | 18 à 20 °C |
| **Hiver Jour** | 5 à 10° | 10 à 15 °C | 18 à 20 °C |
| **Hiver Nuit** | -15 à +5 °C | 10 à 12 °C | 18 à 20 °C |
| **Principales possibilités de culture** | Tourbières aménagées et bassins à l'extérieur (pleine terre : *Ibicella*) | Pots, bacs en intérieur (avec pièce à moins de 15 °C en hiver), vérandas non chauffées, serres froides | Pots, bacs, paniers, en intérieur humide, vérandas chauffées, serres chaudes |
| *Aldrovanda vesiculosa* | ● | ● | |
| *Aldrovanda vesiculosa, formes tropicales* | | | ● |
| *Brocchinia reducta* | | ● | ● |
| *Byblis gigantea* | | ● | |
| *Byblis liniflora* | | ● | ● |
| *Catopsis* | | | ● |
| *Cephalotus* | | ● | |
| *Darlingtonia* | ● | | |
| *Dionaea* | ● | ● | |
| *Drosera* africains, australiens, d'Amérique du Sud | | ● | |
| *Drosera* de l'hémisphère Nord et Nouvelle-Zélande | ● | ● | |
| *Drosophyllum* | | ● | |
| *Genlisea* | | | ● |
| *Heliamphora* | | ● | ● |
| *Ibicella* | ● | ● | |
| *Nepenthes* | | | ● |
| *Pinguicula* de l'hémisphère Nord | ● | | |
| *Pinguicula* mexicaines | | ● | |
| *Pinguicula* tropicales | | | ● |
| *Sarracenia* | ● | ● | |
| *Utricularia* tropicales | | | ● |
| *Utricularia*, sauf tropicales | ● | ● | |

### CE QU'IL FAUT RETENIR SUR LA LUMIÈRE ET LA FERTILISATION

- La plupart des plantes carnivores font preuve d'une certaine tolérance quant aux plages de températures qu'elles acceptent.
- Il faut cependant éviter les contresens totaux et s'abstenir, par exemple, de cultiver des plantes de climat froid en serre chaude et inversement.
- Si l'on veut conserver ses plantes sur le long terme, il faut essayer de se rapprocher le plus possible des conditions qui prévalent dans leur milieu naturel.

## L'EAU

Ces plantes vivant le plus souvent dans des sols humides, l'eau représente pour elles un élément majeur, tant en qualité qu'en quantité. Soyez scrupuleux dans le suivi des informations données ci-dessous : c'est un des points essentiels à la réussite de la culture.

### LA QUALITÉ DE L'EAU

Si cela est possible, n'utilisez que de l'eau de pluie, à récolter bien sûr en zone non polluée.
Il est également possible d'utiliser :
– de l'eau déminéralisée, non parfumée, qui sert aux fers à repasser et aux batteries
– de l'eau osmosée, utilisée par les aquariophiles et commercialisée par leurs fournisseurs
– de l'eau de ville filtrée dans des carafons échangeurs d'ions, vendus dans le commerce.

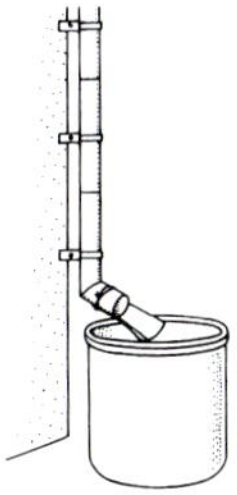

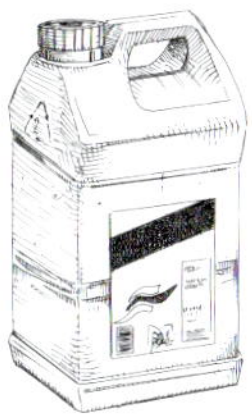

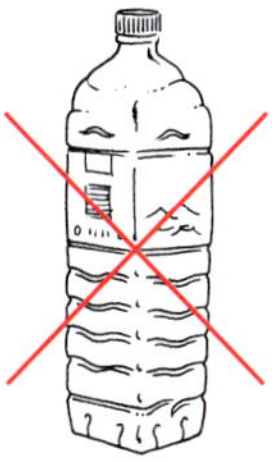

Proscrivez impérativement les eaux minérales du commerce (car justement trop riches en minéraux pour les plantes carnivores), ainsi que les eaux de sources, de puits, d'adoucisseurs, de sèche-linge ou provenant du dégivrage des réfrigérateurs, dont la pureté ou la pauvreté en éléments minéraux est rarement suffisante.

## L'ARROSAGE DES PLANTES EN POTS ET EN BACS

### Cas général

C'est la méthode qui convient au plus grand nombre d'espèces, qui sont des plantes de marécages :

**De début novembre à fin avril :** ne laissez pas d'eau dans la soucoupe ; maintenez le substrat juste humide : touchez celui-ci avec l'index, une trace d'humidité doit rester sur le doigt. L'arrosage doit se faire pendant cette période sur le dessus du sol.

**De début mai à fin octobre :** laissez baigner en permanence la base du pot dans 2 à 3 cm d'eau. Pour les pots à réserve d'eau, placez le niveau au quart de la hauteur de la jauge. N'arrosez jamais par le dessus à cette époque.

### Cas particuliers (voir fiches de culture correspondantes)

– *Ibicella*, plante de milieu sec, qu'on ne cultive pas sur un substrat marécageux. Il faut l'arroser comme une plante d'intérieur normale, ou comme une plante de jardin si on l'a plantée en pleine terre.
– *Byblis gigantea*, *Drosera bulbeux*, *Drosophyllum* : ces plantes sont au repos en été et en automne. L'excès d'eau à cette époque leur serait fatal.

## L'ARROSAGE DES ÉPIPHYTES

– Quelques *Nepenthes* et quelques *Utricularia* sont épiphytes et se plaisent en paniers suspendus. Un substrat composé de sphaigne vivante pure, sans aucun mélange, donne de bons résultats.

Il faut maintenir le substrat humide, soit par trempage du panier, soit par arrosage sur le dessus.

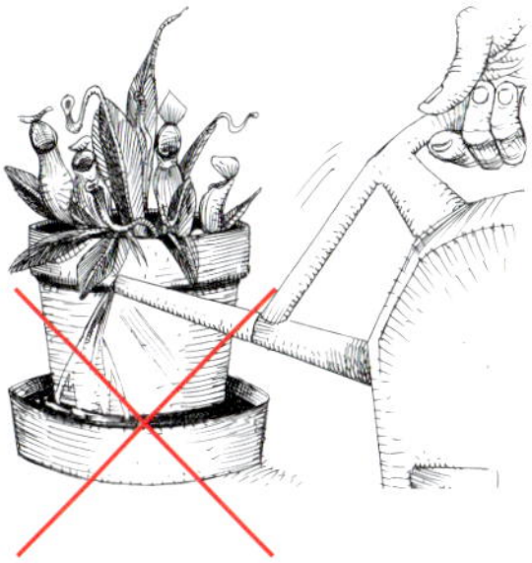

◂ Nepenthes : il faut maintenir le substrat juste humide, sans jamais laisser le fond baigner dans l'eau.

– *Catopsis* est un épiphyte strict, c'est-à-dire qu'il accroche ses racines à même le support, tronc ou branche, sur lequel il pousse. En culture, on peut le coller par le collet sur un morceau de liège, ou un autre support, avec un point de colle néoprène, ou l'attacher avec un lien en raphia. Des racines-crampons apparaissent rapidement. L'arrosage consiste en des vaporisations fréquentes.

## LA PRÉPARATION DE L'EAU DES PLANTES AQUATIQUES

Pour cultiver des *Aldrovanda* et des utriculaires aquatiques, il faut recréer un véritable écosystème miniature.
Disposez dans le fond du bassin ou de l'aquarium 10 à 20 cm de tourbe blonde : c'est elle qui fournira aux plantes les éléments minéraux dont elles auront besoin. Versez ensuite de l'eau de pluie (ou déminéralisée). Laissez le liquide s'éclaircir (pendant 1 à 2 mois) : il prendra une couleur jaune paille. Il est conseillé d'implanter, suivant la taille du bassin ou de l'aquarium, des plantes capables d'absorber les excès possibles de nutriments, comme des *Carex*, des *Typha*, ou des *Nymphaea*. Introduisez aussi une microfaune (daphnies, cyclopes…) recueillie dans une mare. En dernier lieu, disposez les plantes carnivores. Contrôlez régulièrement le pH qui doit se situer entre 5,5 et 6,0. La clé du succès, à long terme, est dans la reconstitution d'une véritable petite biocénose aussi équilibrée que possible.

▴ *Aldrovanda vesiculosa.*

### CE QU'IL FAUT RETENIR SUR L'EAU ET L'ARROSAGE

- N'utilisez que de l'eau de pluie, déminéralisée ou osmosée.
- Pour les plantes de marécages, l'arrosage s'effectue par le dessous pendant la saison de croissance, et uniquement par le dessus pendant la période de repos.
- Pour Nepenthes, il ne faut jamais laisser le fond baigner dans l'eau.
- Aucune vaporisation ne doit être faite sur le feuillage, sauf Catopsis.

## L'HYGROMÉTRIE

À l'exception des plantes de climat tropical, ce n'est pas un facteur aussi essentiel que l'humidité du sol. Ne perdez pas de vue que, dans la nature, le taux d'hygrométrie varie plus ou moins suivant le climat, les saisons et l'heure de la journée. Il en va de même, dans une moindre mesure, en serre, véranda, ou dans la maison, et il serait donc bien inutile de vouloir le stabi- liser à tout prix. On peut cependant définir des plages dans lesquelles les genres et espèces se développeront correctement.

**BESOINS MODÉRÉS** : entre 40 % et 80 %. *Byblis, Darlingtonia, Dionaea, Drosera* (sauf espèces tropicales), *Drosophyllum*, *Ibicella* (minimum 25 %), *Pinguicula* (sauf espèces tropicales), *Roridula, Sarracenia, Utricularia.*

**BESOINS MODÉRÉS À ÉLEVÉS** : de 40 % à 95 % (plantes très tolérantes). *Brocchinia, Cephalotus, Heliamphora.*

**BESOINS ÉLÉVÉS** : entre 80 % et 95 %. *Catopsis, Drosera* tropicaux, *Nepenthes, Genlisea, Pinguicula tropicales, Utricularia* tropicales.

### CE QU'IL FAUT RETENIR SUR L'HYGROMÉTRIE

- La plupart des autres plantes carnivores s'adaptent aux variations du taux d'humidité.

## LE SUBSTRAT

S'il n'est pas possible de définir un substrat général, les éléments énumérés ci-après sont impérativement les seuls à utiliser. Il existe des dizaines de mélanges préconisés, leurs différences se situent dans le pourcentage des ingrédients.
Lors de l'achat d'un produit dans le commerce, ne vous fiez pas aux informations les plus visibles mentionnées sur le sac (marque, allégations publicitaires). Prenez soin de vérifier la composition exacte du produit, écrite souvent en tout petit. Il est impératif de s'assurer que les produits sont bruts, sans mélange

▲ *Nepenthes vieillardii* en fleur, spécifique des terrains miniers ultra-riches en fer et en magnésie de Nouvelle-Calédonie.

ou enrichissement quelconque (comme des algues, du fumier, des engrais minéraux, des engrais organiques...).
Pour la tourbe blonde et la tourbe brune, vérifiez bien, dans la compo- sition du produit, son pH et la nature des mousses utilisées (sphaigne — *Sphagnum* dans un cas —, ou *Hypnum* dans l'autre), car la simple mention sur le sac de la couleur de la tourbe n'est pas toujours un critère suffisant.

## LES ÉLÉMENTS DE BASE DU SUBSTRAT

– *Tourbe blonde*: issue de la décomposition de certaines mousses, les sphaignes (= *Sphagnum*), son pH est acide, entre 3,5 et 4,5.
Elle représente généralement 50 à 70 % du substrat à utiliser pour vos plantes, très rarement 10 %.
– *Tourbe brune*: issue de la décomposition d'un autre type de mousses (*Hypnum*), son pH est plutôt alcalin, au-dessus de 7. Elle est utilisée dans des cas très spécifiques, représentant 30 à 60 % du substrat pour certaines Pinguicula de l'hémisphère Nord.
– Sphaigne (*Sphagnum*): ici on l'utilise vivante (non décomposée, contrairement à la tourbe blonde). Ne la mélangez pas avec les autres éléments, car elle moisirait. Elle s'utilise:
• soit pure, sans mélange aucun, pour les *Utricularia* épiphytes, et parfois les *Nepenthes*
• soit en surfaçage sur le sol, pour certains genres: *Cephalotus, Darlingtonia, Heliamphora.*
– *Fibre de coco*: difficile à trouver pure et non salée. Utilisée à 70 %, avec ajout d'éléments drainants, elle donne de très bons résultats sur les *Nepenthes.*
– *Racines de fougères*: utilisation à 70 %. Tronçons de fines racines provenant des fougères arborescentes.
– *Terreau* (uniquement pour *Ibicella*): utilisation à 20 %. Un vrai terreau à base de feuille, sans tourbe.

*Important : il faut avoir conscience que les substrats tourbeux utilisés pour les plantes carnivores, comme les mélanges horticoles ayant la même base, contribuent à la destruction des tourbières. L'horticulture classique pourrait et devra s'orienter vers d'autres composts. Mais comment s'affranchir, pour les plantes carnivores, d'un élément qui s'avère vital pour la plupart d'entre elles ? Je serais heureux de vous informer de ma découverte d'un substrat n'utilisant plus cette matière, mais mes expériences sont jusqu'à présent négatives (sauf pour les* Nepenthes*).*

▾ *Sarracenia psittacina* se cultive de la même façon que *Sarracenia rubra* (voir p. 93), ici avec un surfaçage de sphaigne vivante.

## LES ÉLÉMENTS SECONDAIRES DU SUBSTRAT (DRAINAGE)

– *Sable* : utilisation de sable de quartz, acheté en magasin d'aquariophilie, ou du sable de Loire. Il représente en général 10 à 30 % du compost. Parfois 80 % (*Byblis, Drosera* du groupe des miniatures, *Drosera* bulbeuses, *Genlisea*).

– Vermiculite : matière minérale résultant de l'altération du mica et de la biotite. Le substrat peut en contenir 10 à 20 %.

– Perlite : silicate naturel. En général 10 à 20 %. Jusqu'à 70 % chez certaines *Pinguicula*. Cause la mort des Nepenthes quand elle vieillit.

– Polystyrène, pouzzolane, argile expansée, laine de roche, écorce de coni- fères stabilisée (phénols inactivés) : leur neutralité fait qu'on peut les incorporer, pas plus de 10 %.

## LES PRINCIPAUX TYPES DE SUBSTRATS UTILISÉS

Différents types de substrats peuvent convenir à une même plante, en mélangeant les éléments précédents, à l'exclusion de tout autre, en proportions variables. Il n'y a pas de recette unique, et avec l'expérience, chaque amateur finit par se confectionner son mélange « maison ». Tout n'est cependant pas permis et je donnerai ci-dessous des exemples de substrats qu'il est possible d'utiliser pour les grands groupes de plantes. On trouvera plus d'informations, ainsi que d'autres exemples de substrats, dans les fiches de culture.

| | |
|---|---|
| Plantes de marécage (*Darlingtonia, Dionaea, Drosera, Heliamphora, Sarracenia, Utricularia* terrestres) | L'un des substrats les plus utilisés : 70 % de tourbe blonde, 30 % de sable |
| *Nepenthes* | 50 % (maxi) de tourbe blonde, ou 50 % de fibre de coco, ou 50 % de sphaigne vivante, 20 % de sable, 20 % de vermiculite, 10 % d'écorce stabilisée |
| *Pinguicula* hémisphère nord | 50 % de tourbe brune alcaline, 50 % de sable |
| *Pinguicula* mexicaines | 50 % de perlite, 30 % de tourbe blonde, 20 % de vermiculite |

### CE QU'IL FAUT RETENIR SUR LES SUBSTRATS

- Il est important de n'utiliser pour la réalisation des substrats que les éléments de base et secondaires mentionnés ci-dessus, à l'exclusion de tout autre.
- Les éléments du substrat doivent être utilisés purs, sans aucun enrichissement.
- Les substrats utilisés doivent être pauvres en éléments nutritifs, faiblement minéralisés.
- La majorité des espèces sont acidophiles, sauf certaines *Pinguicula* qui ont besoin de calcaire (voir fiche *P. vallisneriifolia*).

▲ Certaines utriculaires épiphytes, comme ici *Utricularia longifolia fo. forgetiana*, se cultivent en paniers suspendus.

## LES CONTENANTS

Les pots et les bacs doivent être en matière plastique. L'utilisation de pots en terre cuite est toutefois possible mais plus délicate car ils se dessèchent plus rapidement et accumulent les sels minéraux sur leurs bords.

Procurez-vous de grands pots munis de leur soucoupe, ou des bacs à réserve d'eau avec jauge. Certains Nepenthes et Utricularia se développent aussi fort bien en panier plastique. Pour tous les contenants, la règle de base est qu'il ne faut pas avoir peur du ridicule : il faut une profondeur de 40 cm minimum, et autant de côté, que ce soit pour une ou pour quatre plantes. Et tant pis si la plante paraît un peu perdue au milieu du pot, l'important est qu'elle dispose d'un important volume de substrat. Celui-ci permet de mieux amortir les variations de température et d'humidité au niveau des racines, et c'est souvent vital pour les plantes carnivores qui sont, dans l'ensemble, sensibles à ces écarts.

Le rempotage se fait dès l'achat en utilisant le volume ci-dessus. Il s'effectue ensuite tous les quatre ans, en renouvelant uniquement le substrat. (La technique du rempotage en elle-même ne présente pas de particularités par rapport au rempotage classique des plantes d'intérieur, si ce n'est qu'on n'apporte pas de couche drainante dans le fond du pot).

▶ Ci-contre, deux types de pots convenant parfaitement à la culture des plantes carnivores : à soucoupe profonde à gauche, ou à réservoir d'eau et jauge, à droite.

### CE QU'IL FAUT RETENIR SUR LES CONTENANTS

- Les pots doivent être en plastique.
- Il faut de gros contenants, quitte à ce qu'ils paraissent disproportionnés par rapport à la taille des plantes.

▲ Chrysope piégée par un *Drosera*.

## L'ALIMENTATION

En règle générale, les plantes carnivores n'ont pas besoin d'apports d'engrais. À la même dose que pour une plante classique, ceux-ci leur sont même fatals. En culture, la plupart des plantes carnivores peuvent se débrouiller toutes seules et trouver leur alimentation:
– dans le substrat: la tourbe conditionnée contient en général entre 25 et 40 % de matière organique pour le produit brut, entre 0,3 et 0,6 % d'azote, et des traces d'oligo-éléments. Cela suffit pour que la plupart des plantes croissent sans aucun apport d'engrais, ni même de proies: dans ce dernier cas, la surface foliaire, le nombre de graines dans les capsules et la durée de vie peuvent être réduites.
– dans leurs proies: celles-ci fournissent le complément alimentaire, en particulier azoté, nécessaire. Si vous sortez les plantes à la belle saison, placez-les sur un rebord de fenêtre, un balcon, ou au jardin, elles se nourriront toutes seules et n'auront besoin de rien d'autre. En culture intérieure, un élevage de drosophiles peut

▲ Voilà ce qui arrive quand une plante carnivore a les yeux plus gros que le ventre : son feuillage noircit.

être pratiqué pour nourrir ses protégées, mais il est rare que cela soit réellement nécessaire (sauf pour les *Drosera* bulbeux pour lesquels cela est très profitable). Évitez tout de même les excès, car une « indigestion » d'insectes peut provoquer un noircissement du feuillage.

Cependant, un léger apport d'engrais peut être pratiqué sur la plupart des plantes en culture, à condition d'être prudent. (On peut d'ailleurs noter que, dans la nature et jusqu'à un certain point, ce n'est pas tant l'enrichissement du sol en nutriments qui leur est fatal, que la compétition avec les autres plantes entraînée par cet enrichissement). Cet apport reste facultatif (cas où la plante est complètement privée d'insectes, et encore...). Il convient de rester très prudent car si les plantes carnivores supportent un léger apport d'engrais, elles sont tout de même beaucoup plus sensibles que les autres plantes. Par ailleurs cet apport peut être contre-productif. Par exemple, si l'on stimule trop la croissance des Nepenthes, les urnes ne se forment plus, ou sont moins colorées.

Le plus classique est d'apporter un engrais destiné aux orchidées (car faiblement dosé), à la fréquence de 1 fois par mois en hiver, tous les 20 jours du printemps à l'automne. L'engrais sera apporté selon les plantes de la manière suivante :

– *Brocchinia, Catopsis, Cephalotus, Darlingtonia, Dionaea, Heliamphora, Sarracenia* : en vaporisation sur le feuillage.

– *Byblis, Drosera, Drosophyllum, Pinguicula* : en vaporisation sur le feuillage, mais en étant encore plus prudent. Si la plante manifeste le moindre signe de sensibilité, diminuez la fréquence des apports.

– *Nepenthes* : par vaporisation foliaire chez les jeunes plants, par arrosage au pied, dans l'eau d'arrosage, chez les plantes adultes.

## CE QU'IL FAUT RETENIR SUR L'ALIMENTATION

- En règle générale, les plantes carnivores en culture n'ont pas besoin d'apports ni d'engrais ni de proies.
- Un élevage de drosophiles est profitable aux Drosera bulbeux.
- Un apport d'engrais peut être pratiqué, de manière facultative, à condition de rester très prudent.

# LA MULTIPLICATION

Les plantes carnivores ne présentent pas sur ce point de spécificité par rapport aux autres plantes : toutes les méthodes de multiplication classiques peuvent être employées.

## LE SEMIS

La méthode donne une grande quantité de plantes en utilisant des graines fraîches et en choisissant des espèces à germination facile. Elle est pratiquée au printemps, parfois en automne, avec toutes les plantes. Il vous faudra de quelques mois (annuelles) à 2, voire 10 ans, pour obtenir une plante adulte. Il faut pour cela utiliser des récipients percés, peu profonds, dont le fond baignera dans l'eau. Ils seront remplis du substrat adéquat, souvent 70 % de tourbe blonde avec 30 % de sable, et exposés à la lumière. Les graines fines (*Drosera, Pinguicula…*) ne sont pas recouvertes du mélange. Les graines plus grosses (*Drosophyllum, Sarracenia…*) seront légèrement enterrées à 0,5 mm. Leur germination est de 3 semaines à plusieurs mois.

▼ *Darlingtonia californica.*

## LA DIVISION

Utilisée sur *Aldrovanda, Brocchinia, Catopsis, Cephalotus, Darlingtonia, Heliamphora, Pinguicula, Sarracenia, Utricularia*, elle donne souvent de bons résultats si on le fait avec des plantes adultes. La technique est la même que celle utilisée pour les plantes classiques.

## LE BOUTURAGE

– de racines (*Cephalotus*, certains *Drosera* comme *D. binata, D. regia…*) et de rhizomes (*Darlingtonia, Heliamphora, Sarracenia*), effectué sur un sol identique à celui de la culture.

Il doit être effectué en début de croissance. Faire des tronçons de 2 à 5 cm, puis les placer sur le mélange et recouvrir légèrement.

– **de feuilles,** pour *Cephalotus* (avec les deux types de feuilles), *Dionaea, Drosera, Genlisea,* sur un sol identique à celui de la culture ou sur de la sphaigne vivante. Les *Pinguicula* sur un sol fait de 50 % de perlite, 50 % de vermiculite.

Période: de la fin du printemps à la mi-été, pour la majorité des espèces. Les feuilles saines sont prélevées et maintenues plaquées sur le substrat.

– **de tiges,** avec *Byblis gigantea* et surtout les *Nepenthes,* au printemps. La technique est ici aussi celle souvent pratiquée avec les plantes « classiques ». Utiliser des tronçons soit de tête ou ailleurs sur la tige. Les tremper dans l'hormone de bouturage et enfoncer dans le compost de culture ou dans de la sphaigne. Une chaleur 25 °C et une forte humidité sont nécessaires.

▼ Tourbière artificielle dans un jardin au printemps: au premier plan, les urnes de *Sarracenia purpurea* subsp. *venosa.*

### L'HYBRIDATION

La fécondation croisée n'est pas difficile à réaliser chez les *Sarracenia* et les *Nepenthes*. Chez les premières, il suffit de prélever le pollen sur les étamines et de le déposer sur les 5 stigmates. Éviter de féconder la même plante. Pour les *Nepenthes*, plantes dioïques, la plus grande difficulté est d'avoir au même moment en fleur un pied mâle et un pied femelle. Soyez exigeants quant à l'intérêt réel de vos croisements, car il en existe déjà de nombreux ! Notez bien leur origine. L'hybridation des autres genres demande souvent une certaine dextérité.

### LA CULTURE *IN VITRO*

Elle était autrefois hors de portée de l'amateur par l'infrastructure à mettre en œuvre. Aujourd'hui, on trouve des « kits » abordables facilitant la chose. Ils permettent la réalisation d'un semi *in vitro*. En parcourant les pages web sur Internet, on peut parfaire idéalement la connaissance de cette technique.

## OÙ LES PLACER ?

Les plantes carnivores peuvent être cultivées au jardin comme en intérieur. Après avoir présenté les particularités de ces différents emplacements, j'ai demandé dans ce chapitre à quelques amateurs, choisis pour leur représentativité, de nous faire part de leur expérience. Habitant dans des régions aux climats très différents, ces témoignages nous donnent une bonne idée de ce qu'il est possible de faire en conditions variées.

▼ Vue de coupe d'une tourbière au jardin. Remarquez la bâche épousant le fond et les parois.

### AU JARDIN

La tourbière artificielle dans le jardin devrait, dans les années à venir, se positionner comme un élément paysager, au même titre qu'une rocaille ou un bassin. Les exemples de réalisations qui suivent démontrent que l'implantation dans des lieux et climats divers n'est pas un

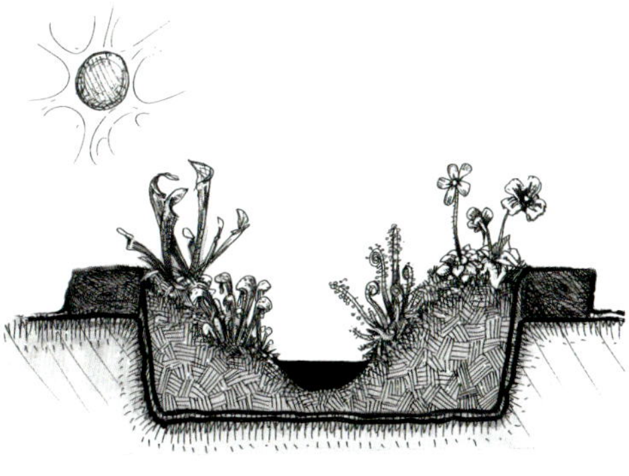

obstacle à la réalisation de ce biotope si singulier et attrayant.
La construction est fort simple :
– Faites un trou à l'automne exposé au soleil, avec un minimum de 60 cm de profondeur et de 3 ou 4 m² de surface. Utilisez une vieille moquette, elle servira à tapisser les côtés et le fond (face douce vers la terre).
– Posez sur celle-ci une bâche de bassin de 1 mm d'épaisseur. Prenez la précaution de faire dépasser les bords supérieurs de 20 cm, ils pourront être agrafés sur des traverses de chemins de fer. L'essentiel est d'empêcher l'eau de ruissellement de pénétrer.
– Remplissez de tourbe blonde, attention au tassement. Humidifiez avec de l'eau de pluie, et attendez le milieu du printemps pour placer les plantes. N'oubliez pas qu'il vous faudra peut-être faire un apport d'eau de pluie en été, si la tourbière s'assèche : prévoyez une citerne pour le stockage (en été, l'eau sera maintenue à un niveau important, mais inférieur au niveau hivernal).

M. Denys Pierrejean, dans le Sud-Ouest
*Le choix de l'emplacement de la tourbière est primordial : à l'abri du vent, avec du soleil mais pas trop, et plutôt celui du matin, sinon gare aux problèmes de déshydratation et d'approvisionnement en eau. Ne pas la placer sous un arbre à cause des feuilles mortes. Ne pas oublier l'anti-limace tout autour. Une cavité creusée dans la tourbe permettra d'accueillir quelques* Utricularia *et toute la microfaune. Les espèces que j'ai eu le plaisir de planter sont très variées :* Sarracenia *au ras de l'eau qui prennent de magnifiques couleurs et atteignent des tailles impressionnantes, des* Dionaea, *des* Drosera, *même* Drosera capensis *qui a résisté aux gelées. Important : toujours veiller à éliminer les plantes parasites (joncs), car une fois installées, les arracher devient une épreuve de force basque, vu la taille impressionnante des racines, sans parler des dégâts causés par le trou. Quand l'équilibre est atteint, les plantes se ressèment et il ne reste plus qu'à s'asseoir au bord pour contempler les différentes formes de vie qui s'agitent.*

M. Pierre Fournol, dans les Pyrénées (alt. 800 m)
*Mon expérience de deux tourbières en place depuis 6 et 5 ans en milieu montagnard (nombreux jours de gel, températures*

*extrêmes et changeantes) est agréablement concluante. Sans protection hivernale particulière, les plantes carnivores choisies se développent très normalement (*Sarracenia flava, S. purpurea, Dionaea, Darlingtonia*). Notez cependant un échec* Drosera hamiltonii, *une expérience insuffisante* Sarracenia leucophylla. *L'emplacement a été choisi de façon à être abrité des vents d'hiver et d'été (évaporation), à procurer l'ombre utile à* Darlingtonia *et le soleil exigé par la plupart, ainsi qu'en tenant compte de l'esthétique apportée par les bouleaux et les nombreuses plantes accompagnatrices des milieux humides. Résultat : un biotope exubérant, dans un jardin varié, entre les plantes minuscules des tufs toujours secs et les majuscules des petits étangs.*

▲ Une réalisation belle et réussie qui démontre l'indéniable attrait paysager de ce milieu singulier.

M. et Mme Auber, en région parisienne.
*C'est une très modeste tourbière d'environ 2,5 m², adossée à une petite rocaille en meulières, côté nord. La tourbe mêlée de sable de Loire qui la remplit est traversée, au centre et jusqu'au fond, par un « mini-puits » de 25 cm de diamètre, limité par*

◄ Quelle joie de voir s'épanouir en tourbière artificielle le splendide *Darlingtonia californica*, pourtant réputé difficile.

*du grillage plastique roulé en tube, ce qui permet d'évaluer le niveau de l'eau de pluie et de le compléter, si nécessaire, avec l'eau de la gouttière de la maison. Cette tourbière est en place depuis 5 ans,* Sarracenia, Darlingtonia, Dionaea et Pinguicula *y prospèrent. L'implantation de* sphagnum *s'avère difficile car les oiseaux en raffolent pour bâtir leur nid et il faut mettre en place un grillage protecteur. Il faut aussi lutter contre l'envahissement par des indésirables (potentilles, épilobes, graminées...), qui ont tôt fait d'étouffer les plantes carnivores. Bien que ces dernières semblent bien supporter le froid, la tourbière est protégée, en hiver, par un tunnel formé d'arceaux soutenant du plastique à bulles.*

## EN SERRE

La serre est le lieu idéal pour la majorité des plantes carnivores, surtout si elle est compartimentée en zone froide, tempérée et chaude. Bien des problèmes de culture disparaissent avec son acquisition.

M. Y. A. Utz, de Suisse (alt. 400 m)

*Les serres chaudes, sous nos climats, sont dispendieuses en énergie et le manque de lumière se fait cruellement sentir en hiver. En revanche, une serre tempérée, maintenue à + 8 °C en hiver, permet la culture d'un large éventail de plantes carnivores. Mieux vaut éviter tout de même les plantes tropicales et alpines. L'inertie thermique d'une serre est faible, occasionnant de brusques différences de température. En plein hiver, par journée ensoleillée, il n'est pas rare d'atteindre 25 °C. Certaines plantes ne supportent pas de telles variations. En été, il est indispensable d'ombrer la serre si l'on veut maintenir une température idéale. Ne pas oublier qu'il y a différents microclimats, des endroits très ensoleillés, d'autres à l'ombre, sous les tablettes, l'atmosphère y est plus fraîche. Profitez de placer les plantes selon leurs affinités climatiques.*

*Par exemple, les* Nepenthes *d'altitude ainsi que les* Heliamphora *prospèrent bien au frais, sous les tablettes, pendant l'été. En hiver, mieux vaut les placer sur une tablette : meilleure luminosité et température plus élevée. La culture dans un grand*

▸ Le début du printemps correspond à la floraison multicolore des *Sarracenia*.

*volume est impérative pour permettre aux racines de bien se développer, mais aussi pour empêcher une élévation de température du substrat, toujours néfaste. Pour tirer le meilleur parti d'une serre, il ne faut pas hésiter à changer les plantes de niveau afin de leur trouver le meilleur emplacement.*

## EN VÉRANDA

Comme dans la serre, mais à un niveau moindre, elles trouvent ici une ambiance favorable, avec une luminosité supérieure à celle de la maison.

M. F. Zunino, dans le Poitou

*Mes premiers essais de culture se sont déroulés dans la véranda qui prolongeait aussi la maison vers des contrées lointaines. Le toit en polycarbonate alvéolé et les parois en double vitrage fournissaient une forte luminosité sans trop d'échauffement. Pour la majorité des plantes cultivées, les pots reposaient dans des bacs ou des soucoupes remplis d'eau de pluie. En cas d'absence prolongée, une pompe de camping-car immergée dans une réserve distribuait l'eau* via *un tuyau souple d'aquariophilie perforé. Un programmateur hebdomadaire régulait la fréquence des arrosages sans éviter quelques débordements ! La majorité des substrats utilisés consistait en un mélange de tourbe et de sable de Loire. Ainsi, durant plusieurs années, sarracenies et rossolis s'épanouissaient avec succès. Un* Cephalotus follicularis *au substrat enrichi en charbon de bois, accompagné d'*Utricularia dichotoma *et de* Stylidium debile, *fleurissait en été. L'hospitalité du lieu permettait à certaines annuelles comme* Byblis liniflora *et* Drosera burmanni *de coloniser les pots voisins.*

▲ Ci-dessous, vue d'une serre où chaque espace est judicieusement occupé.

## DANS LA MAISON

Qu'elles soient disposées près des fenêtres ou dans un terrarium spécifique, il est absolument possible d'avoir dans un cas comme dans l'autre une belle collection. Pour cela, soyez attentifs, observez vos plantes, et déplacez-les si besoin, jusqu'à trouver la ou les pièces idéales.

M. S. Hugentobler, de Suisse (alt. 400 m).
*En respectant les besoins spécifiques de ces plantes, il est possible de les tenir en intérieur. Cependant, contrairement aux plantes vertes d'appartement, sélectionnées pour leurs bonnes tolérances à l'air sec et la faible luminosité des intérieurs modernes, les carnivores demandent un bon ensoleillement et une humidité ambiante relativement élevée, ainsi qu'une température plutôt fraîche. Si vous pouvez leur offrir un emplacement près d'une fenêtre orientée au sud (ou au moins trois-quarts sud), il vous sera facile d'obtenir de belles plantes. À la belle saison, il sera préférable de les mettre à l'extérieur. Les genres qui se prêtent le mieux sont* Sarracenia, Roridula, Drosophyllum. *Certains* Drosera *ont tendance à ne pas former de mucilage. Les* Pinguicula *préfèrent avoir moins de soleil. Les* Nepenthes, *à moins de les placer dans un terrarium, sont le moins susceptibles de se cultiver en intérieur car elles ne forment pas d'urnes, en raison du manque d'humidité relative. La principale cause d'échec lors de la culture en intérieur tient à l'oubli d'arrosage, surtout en été. C'est pourquoi il est indispensable de placer les pots dans des récipients à haut bord de manière à conserver toujours quelques centimètres d'eau.*

▼ Pour obtenir la magnifique couleur rouge de cette *Dionaea* 'Akaï Ryu', vous devrez la placer en situation très lumineuse.

M. S. Lavayssiere, près de Paris

*Sur un balcon, même dans un coin sombre dans l'appartement, un terrarium vous permettra d'offrir à vos plantes de bonnes conditions. Éclairé par 3 ou 4 tubes, équipé d'une petite pompe à eau et d'un décor (ruisseau, bassins d'*Utricularia*...), il peut facilement devenir un élément de décoration de votre appartement au même titre qu'un aquarium. Le fond, constitué d'un drainage de quelques centimètres de billes d'argile sera recouvert d'une quinzaine de centimètres de compost (2/3 tourbe blonde, 1/3 sable), dans lequel vous installerez les plantes. Petits* Nepenthes, *grassettes américaines,* Utricularia *tropicaux,* Drosera *s'y épanouiront, et ce sera également un environnement idéal pour démarrer des boutures de* Cephalotus. *J'ai adopté depuis longtemps cette méthode qui, par son aspect esthétique et pour le minimum de soins qu'elle requiert, me permet de conserver une collection d'une centaine d'espèces.*

## DANS UN BASSIN

Très rare est le cas où un bassin existant peut convenir, surtout si vous décidez la culture de l'*Aldrovanda*. Les *Utricularia* peuvent parfois se développer si votre eau n'est pas très riche en éléments minéraux (présence d'algues). Un bassin en plastique de 3 m² et 50 cm de profondeur peu suffire. Disposez 20 cm de tourbe sur le fond et remplissez d'eau. Utilisez celle de pluie, mélangée

◂ Construction d'un terrarium pour plantes carnivores.

avec un quart provenant d'une mare non polluée et à pH acide (apport de la microfaune aquatique). Laissez sédimenter, par la suite implantez des plantes de berges et aquatiques (*Typha*, *Carex*, *Nymphaea*…). Mettez les espèces carnivores 2 mois après.

M. G. Chantepie, près de Brive
*Le bassin idéal aux rives végétalisées, avec renouvellement saisonnier et progressif de l'eau, n'étant pas à la portée de tous, il est tout à fait possible de cultiver des plantes aquatiques dans de simples cuvettes, du moment qu'elles aient un volume d'au moins 20 l. Ainsi, la floraison estivale d'*Utricularia *agrémente mes 2 cuves de récupération de congélateurs (400 l) tapissées d'une bâche, avec fond tourbeux et eau de pluie. La culture associée de plantes, oxygénantes (en quantité limitée ou à contrôler), fixatrices d'éléments minéraux (*Characeae*) et de surface (*Stratiotes, *jacinthe d'eau, en été), limite l'eutrophisation (enrichissement excessif du milieu en éléments nutritifs, favorisant la prolifération d'algues et la mort de nos « espèces nobles »).*
*Un ombrage léger aux chaudes heures de l'été est souhaitable : j'ai confié cette tache à un Catalpa, source de matière organique (chute de feuilles), non négligeable pour réussir la culture d'*Aldrovanda. *Pour cette dernière espèce, un rajeunissement du milieu s'impose tous les 3 ans, justifiant ainsi les deux bassins renouvelés en alternance.*

FICHES DE CULTURE PAR ESPÈCE

# PLANTES CARNIVORES
## POUR NÉOPHYTES

Les plantes carnivores présentées dans cette partie sont parfaites pour le néophyte. Elles lui permettront de se familiariser avec les techniques de base. Dans trois ans, il pourra aborder les espèces plus délicates réservées aux amateurs.

◂ Népenthès dans un appartement.

# *Brocchinia reducta*
## Bromeliaceae

**Une des rares plantes monocotylédones, de la famille des *Bromeliaceae*, à être carnivore.**

### ▸ PRÉSENTATION GÉNÉRALE

– **Milieu naturel :** Vénézuela (hautes landes et plateaux du Guyana), sols sableux acides et sur des rochers. Climat humide, aux brusques changements de temps. On trouve quatre autres espèces, dont deux sont carnivores.
– **Description :** plante vivace, terrestre, de 50 cm de haut. Fleurs blanches de 5 mm de diamètre. Feuilles dressées en cornets tubulaires dans lesquels les proies glissent et se noient (insectes ailés le plus souvent). Elles sont digérées par des bactéries.

### ▸ CONDITIONS PARTICULIÈRES DE CULTURE

– **Température :** plante gélive, mais tolérant des températures variées : je cultive un lot en serre chaude où la température en hiver ne descend pas en dessous de 18 °C. D'autres sont cultivées à 10 °C. Même si la croissance est plus rapide chez les premières, les plantes de la serre plus fraîche en hiver sont vigoureuses et présentent un port plus proche de celui des espèces sauvages.
– **Lumière :** forte luminosité, et même plein soleil. On voit trop souvent en culture des plantes dont l'extrémité des feuilles retombe, alors que l'ensemble du feuillage devrait évoquer la forme d'un tuyau.
– **Arrosages :** substrat juste humide.
– **Hygrométrie :** 40 à 80 %.
– **Substrat :** par exemple 70 % de tourbe blonde, 20 % de sable, 10 % de perlite.
– **Période de repos :** elle conserve un feuillage tout le long de l'année. Croissance au printemps ou à l'automne.
– **Fertilisation :** des vaporisations d'engrais foliaires favorisent la croissance.
– **Parasites et maladies :** surveillez les attaques de cochenilles.
– **Remarque :** encore rare à la vente dans les pépinières, souvent d'un prix élevé, mais dont la facilité de conservation réjouira le néophyte.

# *Dionaea muscipula*
## Droseraceae

**La plus célèbre plante carnivore et la préférée des enfants. Elle est souvent la première dont on fait l'acquisition.**

### ▸ PRÉSENTATION GÉNÉRALE

– **Milieu naturel :** localisée en Amérique du Nord (Caroline du Nord et du Sud), dans des savanes humides au sol sableux et stérile. Le climat est chaud en été et frais l'hiver. Une seule espèce et de nombreux cultivars.

– **Description :** plante vivace terrestre de 10 à 15 cm de diamètre, munie d'un pseudo-bulbe. Feuilles en forme de mâchoires, hampe florale de plus de 25 cm, petites fleurs blanches.

### ▸ CONDITIONS PARTICULIÈRES DE CULTURE

– **Température :** en été de 20 à 30 °C, en hiver entre 5 et 15 °C. Les variations entre les saisons prolongent la vie de la plante. En tourbière extérieure aménagée, elle résiste sans problème à -12 °C.

– **Lumière :** plein soleil, même en période de repos.

– **Arrosages :** substrat très humide pendant la belle saison, il n'est pas nécessaire de laisser la base du pot baigner dans l'eau.

– **Hygrométrie :** de 60 à 80 %, mais à l'extérieur ne vous souciez pas de ce point-là.

– **Substrat :** par exemple, 70 % de tourbe blonde, 10 % de sable, 10 % de perlite, 10 % de vermiculite.

– **Période de repos :** en hiver les grandes feuilles noircissent, remplacées par des plus petites. À l'extérieur, repos total.

– **Parasites et maladies :** acariens et pucerons sont le principal problème.

– **Remarque :** devenu un pur produit de consommation courante. Gardez en vous le précieux, l'étonnement, de ce « gobe mouche de Vénus », comme au temps du naturaliste Darwin.

# *Dionaea* 'B52'
## Droseraceae

**Un cultivar de dionée au nom bien étrange, qui cache des pièges, trappes aux dimensions hors norme, de près de 6 cm de long.**

### ▸ PRÉSENTATION GÉNÉRALE

- **Milieu naturel :** d'origine horticole, cette plante provient d'un semis effectué par M. Schmeling Henning qui la sélectionna pour sa croissance vigoureuse. Elle fut enregistrée par B. Rice en 2006.
- **Description :** plante vivace terrestre de 10 à 15 cm de diamètre, muni d'un pseudo-bulbe. Feuilles en forme de mâchoires de près de 6 cm de long, hampe florale de plus de 30 cm de haut, fleurs blanches.

### ▸ CONDITIONS PARTICULIERES DE CULTURE

- **Température :** en hiver entre 5 et 15 °C, en été de 20 à 30 °C. Comme les ¾ des dionées, les variations saisonnières entre les saisons permettent une longue vie. En tourbière extérieure, aménagée, elle résiste sans problème à - 12 °C.
- **Lumière :** le plein soleil à la belle saison est indispensable à la bonne croissance de la plante. Cela favorise la grande taille des pièges.
- **Arrosages :** l'expérience des années de culture nous confirme que le substrat doit être humide pendant à belle saison sans pour cela laisser la base du pot baigner dans l'eau.
- **Hygrométrie :** de 60 à 80 % ; à l'extérieur ne vous souciez pas de ce point-là.
- **Substrat :** similaire aux autres dionées.
- **Période de repos :** elle intervient en hiver, les énormes feuilles de l'été noircissent, de plus petites apparaissent alors, pas d'inquiétude. À l'extérieur, repos total.
- **Parasites et maladies :** attaque de pucerons, souvent au cœur des rosettes, acariens sur le feuillage, fusarium au niveau du pseudobulbe.
- **Remarque :** depuis quelques années on voit apparaître de nombreux cultivars, mais un grand nombre a peu d'intérêt. Soyez exigeants, comme M. Billy Guillaume dans vos sélections, ce collectionneur français avec rigueur a enregistré des plantes intéressantes : *Dionaea muscipula* 'Coquillage', *Dionaea muscipula* 'Alien', etc.

# *Drosera aliciae*
## Droseraceae

### ▸ PRÉSENTATION GÉNÉRALE

– **Milieu naturel :** originaire d'Afrique du Sud (province du Cap). Il pousse sur des mousses et des sables humides. Le climat est tempéré. Quelques formes.
– **Description :** petite plante, terrestre, dont la rosette atteint 4 à 6 cm. Feuilles en forme de spatule de 2,5 cm de long. Hampe florale de 40 cm de haut, fleurs pourpres de 2 cm de diamètre.

**Scintillant de rosée et lançant vers le ciel sa grande hampe florale. Tel se présente à nous ce *Drosera*.**

### ▸ CONDITIONS PARTICULIÈRES DE CULTURE

– **Température :** souple quant à ses exigences. Supporte en hiver des températures avoisinant 1 °C comme il se plaît à 18 °C en été. Il croît parfaitement entre 20 et 30 °C.
– **Lumière :** plein soleil.
– **Arrosages :** adoptez la technique décrite p. 19.
– **Hygrométrie :** de 50 à 80 %.
– **Substrat :** par exemple 70 % de tourbe blonde, 30 % de sable.
– **Période de repos :** elle n'existe pas vraiment en culture. Plante gélive.
– **Parasites et maladies :** bonne résistance, mais attention aux pucerons.
– **Remarque :** quelle tristesse de voir si souvent dans certains points de ventes des petits *Drosera aliciae* de couleur vert pomme, aux poils glanduleux non colorés. Issus d'une culture intensive, souffrant d'une fertilisation trop poussée, ils me font penser à ces poulets provenant « d'élevage en batterie ». En appliquant une culture raisonnable, cette espèce présentera de magnifiques couleurs vives.

# *Drosera binata fo. multifada extrema*

## Droseraceae

**Son architecture foliaire est toute aussi fascinante qu'étrange. Le feuillage se divise pour former parfois plus de 40 petites fourches.**

### ▸ PRÉSENTATION GÉNÉRALE

– **Milieu naturel :** croît en Australie (Sud-Est du Queensland), dans des sables blancs avec un peu de tourbe. Le climat est subtropical. En plus de l'espèce, il existe quelques variétés, formes ou cultivars qui mériteraient d'être étudiés plus en détail, afin d'en préciser le rang taxonomique.

– **Description :** plante vivace, terrestre, qui atteint en général 30 cm de long. Feuilles pétiolées, très étroites, divisées de nombreuses fois. Hampes florales de 40 cm de haut, avec près de 40 fleurs blanches de 1,5 cm de diamètre.

### ▸ CONDITIONS PARTICULIÈRES DE CULTURE

– **Température :** 20 à 35 °C l'été, l'hiver hors-gel.

– **Lumière :** en abondance tout le long de l'année, c'est lui garantir une grande vigueur.

– **Arrosages :** adoptez la technique décrite dans le chapitre « Entretien courant ».

– **Hygrométrie :** se contente d'une humidité minimale de 50 %.

– **Substrat :** par exemple 70 % de tourbe blonde, 30 % de sable.

– **Période de repos :** mes plantes qui subissent en hiver des températures nocturnes de 10 °C, continuent à pousser. Par contre, l'espèce, les autres variétés et formes rentrent au repos. Je n'ai pas testé sa résistance au gel.

– **Parasites et maladies :** peu sensible.

– **Remarque :** d'une culture aisée, il est dans la section des *Drosera* fourchus celui qui recueille la faveur des amateurs de plantes carnivores.

# *Drosera capensis*
## Droseraceae

**Idéal pour débuter. Il est beau, fleurit abondamment, et pour les apprentis, avec le semis, la réussite est assurée.**

### ▸ PRÉSENTATION GÉNÉRALE

– **Milieu naturel :** Afrique du Sud (Sud-Ouest du Cap). Il pousse dans des marais tourbeux en pleine lumière ou à mi-ombre. Le climat y est tempéré et humide. Il existe quelques formes ou variétés appartenant à cette espèce, qui mériteraient d'être étudiées afin d'en préciser leur rang taxonomique.
– **Description :** plante vivace, terrestre, érigée, de 15 cm de haut. Feuilles pétiolées, linéaires, de 8 mm de large. Inflorescence de 25 cm de haut, nombreuses fleurs magenta de 3 cm de diamètre.

### ▸ CONDITIONS PARTICULIÈRES DE CULTURE

– **Température :** de 20 à 35 °C l'été, en hiver entre 5 et 15 °C. Une ambiance chaude toute l'année peut convenir. En tourbière extérieure, il résiste à -5/-10 °C.
– **Lumière :** plein soleil, il peut croître aussi en lumière tamisée, mais je ne saurais vous le conseiller.
– **Arrosages :** voir chapitre « L'eau » p. 19.
– **Hygrométrie :** 40 à 80 %.
– **Substrat :** par exemple, 70 % de tourbe blonde, 30 % de sable.
– **Période de repos :** pas vraiment en culture, sauf à l'extérieur.
– **Parasites et maladies :** l'affaiblissement est souvent dû aux pucerons.
– **Remarque :** l'intérêt pour cette plante ne s'arrête pas au néophyte. On trouve sur le marché de nombreuses formes ou variétés qui sont, à mon goût, toutes aussi belles les unes que les autres. Elles séduiront le collectionneur à la recherche de diversité.

# *Drosera hamiltonii*

## Droseraceae

**Armez-vous de patience, il faut attendre près de 15 ans, si vous démarrez avec une jeune plantule, pour admirer chez vous les merveilleuses fleurs de ce drosera.**

### ▸ PRÉSENTATION GÉNÉRALE

- **Milieu naturel**: Sud-Ouest de l'Australie, rare à l'état naturel. Prairies marécageuses et bords de ruisseau, au sol sablo-tourbeux. Climat méditerranéen, tempéré par la proximité de l'océan.
- **Description**: plante vivace à rosette de 5 à 6 cm de diamètre. Feuilles en forme de spatule, hampe florale de 30 à 40 cm de haut, possédant 20 à 30 fleurs mauves de 3 cm de diamètre.

### ▸ CONDITIONS PARTICULIÈRES DE CULTURE

- **Température**: en hiver entre 1 et 15 °C, en été de 20 à 30 °C. Elle peut résister à de légères gelées en repoussant à partir de ses racines charnues.
- **Lumière**: le plein soleil ne lui convient pas réellement, c'est légèrement abrité de ce dernier que vous obtiendrez les plus belles plantes.
- **Arrosages**: le substrat doit être juste humide en hiver; à la belle saison, la base du pot peut baigner dans l'eau.
- **Hygrométrie**: 50 à 80 %.
- **Substrat**: par exemple 70 % de tourbe blonde et 30 % de sable.
- **Période de repos**: légère en hiver, plus marqué au cœur de l'été.
- **Parasites et maladies**: résistant aux insectes et maladies, surveillez juste les pucerons.
- **Remarque**: une espèce à posséder, très facile de culture, se multipliant abondamment par stolon souterrain. Mon conseil: acheter des plantes adultes provenant de division sur des pieds mères, ayant fleuri, gage d'avoir des plantes en fleurs rapidement chez vous.

# *Drosera spatulata var. gympiensis*
## Droseraceae

### ▸ PRÉSENTATION GÉNÉRALE

– **Milieu naturel :** Australie (Queensland). Marais, sols tourbeux. Climat tropical, d'altitude. Il existe de très nombreuses variations du *Drosera* à feuilles spatulées, dont la classification botanique reste floue.
– **Description :** plante vivace, terrestre, de 4 cm de diamètre. Feuilles spatulées. La tige florale est coudée à la base, elle est pubescente, ainsi que les sépales. Fleurs de couleur rose mauve.

**Surnommé "Hairy sepals", c'est pour moi le plus joli du groupe des *Drosera spatulata*.**

### ▸ CONDITIONS PARTICULIÈRES DE CULTURE

– **Température :** 18 à 30 °C l'été, 5 à 15 °C l'hiver.
– **Lumière :** bonne luminosité.
– **Arrosages :** adoptez la technique décrite p. 19.
– **Hygrométrie :** 60 à 80 %.
– **Substrat :** par exemple 70 % de tourbe blonde, 20 % de sable, 10 % de perlite.
– **Période de repos :** hiver.
– **Parasites et maladies :** pucerons, champignons.
– **Remarque :** des divers *Drosera* spatulés que je cultive, celui-ci me semble le plus intéressant. Sa culture facile, sa durée de vie assez longue, sa belle et longue floraison, ses graines qui germent bien, font de lui un excellent sujet.

# *Heliamphora heterodoxa x Heliamphora minor*

## Sarraceniaceae

**Ne négligez surtout pas les hybrides d'*Heliamphora*, particulièrement celui-ci ! Ce dernier a tout pour plaire : il est beau et sa culture est facile.**

### ▸ PRÉSENTATION GÉNÉRALE

- **Milieu naturel :** ne vit pas dans la nature, origine horticole. Cet hybride a été créée par Thomas Carow.
- **Description :** plante vivace terrestre, de 20 cm de haut. Feuilles en forme de cornet, plus proche par leur forme d'un des parents : *H. minor.* Hampes florales portant des fleurs blanches.

### ▸ CONDITIONS PARTICULIÈRES DE CULTURE

- **Température :** 15 à 35 °C l'été, 1 à 18 °C l'hiver.
- **Lumière :** malgré son besoin de lumière, il supporte de pousser sans soleil direct.
- **Arrosages :** malléable à ce niveau, le substrat peut être juste humide en hiver ; à la belle saison la base du pot peut baigner dans l'eau.
- **Hygrométrie :** 50 à 80 %.
- **Substrat :** par exemple 70 % de tourbe blonde et 30 % de sable.
- **Période de repos :** à peine marqué au milieu de l'été.
- **Parasites et maladies :** bonne résistance aux attaques de champignons. Surveiller les pucerons et cochenilles.
- **Remarque :** dans notre collection d'*Heliamphora*, cet hybride nous prouve chaque année sa vigueur, bien supérieure à tous les autres taxons du genre. Résistant sans problème à la canicule de 2003, à celle de 2007, aux températures basses de l'hiver 2010.

# *Ibicella lutea*
## Pedaliaceae

**La seule plante carnivore à pouvoir être cultivée dans la terre normale de votre jardin. Un plaisir unique !**

### ▸ PRÉSENTATION GÉNÉRALE

– **Milieu naturel :** Amérique (Arizona, Mexique, Brésil, naturalisée en Californie) et Australie, dans des sols pauvres, secs, acides. Climat semi-désertique. Une seule espèce existe.
– **Description :** plante annuelle terrestre de 50 cm de haut, avec des feuilles orbiculaires à base cordiforme. Toute la plante est couverte de poils glanduleux. Fleur jaune vif, à gorge tachée de rouge, la fructification est décorative.

### ▸ CONDITIONS PARTICULIÈRES DE CULTURE

– **Température :** elle peut varier de 15° à 40 °C pendant sa vie, que ce soit à l'intérieur ou à l'extérieur.
– **Lumière :** fort ensoleillement.
– **Arrosages :** ne jamais laisser la base du pot dans l'eau, la plante n'est surtout pas une plante de marécage. L'arroser de la même façon que vos plantes classiques.
– **Hygrométrie :** 25 à 70 %.
– **Substrat :** 50 % de terre de jardin, 20 % de bon terreau, 30 % de sable grossier.
– **Période de repos :** elle ne vit que quelques mois (plante annuelle).
– **Parasites et maladies :** si elle capture, entre autres, des petites mouches blanches (aleurodes), ces dernières peuvent aussi l'attaquer et l'affaiblir.
– **Remarque :** plantez-la dans le jardin, ou dans un pot avec la terre de ce dernier. En 1916, Mameli démontrait la capture et la digestion de cette plante. Aujourd'hui nombreux sont ceux, qui prouvent le contraire. Suite dans le prochain livre…

# *Nepenthes* x *ventrata*
## Nepenthaceae

Ce bel hybride naturel, entre ***Nepenthes ventricosa*** et ***Nepenthes alata***, est sûrement l'un des plus faciles à conserver. Idéal pour débuter avec les ***Nepenthes***.

### ▸ PRÉSENTATION GÉNÉRALE

– **Milieu naturel :** Philippines, dans des forêts de chênes sur des sols moussus. Le climat est tropical, humide, d'altitude.
– **Description :** plante vivace terrestre, vigoureuse, de 40 cm de haut, avec des feuilles elliptiques. Urnes de plus de 15 cm, intermédiaires entre la forme de celles des parents. Plante dioïque (fleurs mâles et femelles sur des plantes différentes), comme tous les *Nepenthes*.

### ▸ CONDITIONS PARTICULIÈRES DE CULTURE

– **Température :** très tolérant, 10 à 18 °C l'hiver, 18 à 35 °C l'été.
– **Lumière :** placer la plante de telle façon qu'elle reçoive une forte luminosité mais pas de soleil direct. Une bonne intensité contribue à la formation des urnes et à leur coloration.
– **Arrosages :** ne jamais laisser d'eau dans la soucoupe. Maintenir le substrat simplement humide.
– **Hygrométrie :** malgré une tolérance bien supérieure aux autres espèces du genre, il lui faut au minimum 70 %.
– **Substrat :** par exemple 50 % de tourbe blonde, 20 % de sable, 10 % de polystyrène, 20 % de vermiculite.
– **Période de repos :** aucune, j'ai simplement noté dans mes serres une baisse de production d'urnes pendant les mois d'hiver. Elles réapparaissent durant le mois de mai jusqu'au mois de novembre.
– **Parasites et maladies :** cochenilles à carapace (feutrage noir sur les feuilles).
– **Remarque :** soyez attentifs lors de l'achat de ce croisement, souvent confondu avec d'autres hybrides.

# *Pinguicula* 'L'Hautil'
## Lentibulariaceae

**Son nom est celui d'une petite butte appelée "L'Hautil", à une cinquantaine de kilomètres de Paris, où son créateur a résidé.**

### ▸ PRÉSENTATION GÉNÉRALE

– **Milieu naturel :** ne vit pas dans la nature. D'origine horticole, elle provient d'un croisement entre un autre cultivar *Pinguicula* 'Sethos' et *Pinguicula* 'Huajuapan'.
– **Description :** plante vivace, en rosette, dont les auteurs mentionnent deux tailles : une petite et une grande. Feuilles obovales. Grandes fleurs de 2 à 3 cm de haut avec autant de largeur, d'un violet profond.

### ▸ CONDITIONS PARTICULIÈRES DE CULTURE

– **Température :** 20 à 30 °C en été, 5 à 15 °C en hiver. Un des deux hybrideurs signale avoir fait subir à ses plantes sans aucun dommage, deux à trois nuits à 0 °C.
– **Lumière :** pas de soleil direct, mais forte luminosité toute l'année.
– **Arrosages :** substrat simplement humide. Pendant le repos, l'humidité de la terre doit être faible.
– **Hygrométrie :** 50 à 80 %.
– **Substrat :** par exemple 30 % de tourbe blonde, 10 % de sable, 50 % de perlite, 10 % vermiculite.
– **Période de repos :** en hiver.
– **Parasites et maladies :** surveillez en hiver l'attaque d'un acarien microscopique qui fait brunir les feuilles du cœur de la rosette. Il attaque aussi d'autres espèces de *Pinguicula*.
– **Remarque :** c'est avec un grand plaisir que je tenais à faire figurer ce cultivar dans ce livre. Pur produit français, aux fleurs superbes, issu de la grande compétence et l'acharnement d'un hybrideur, Laurent Legendre, avec la complicité d'un collectionneur talentueux, Serge Lavayssière.

# *Pinguicula* 'Huahuapan'
## Lentibulariaceae

**Les nombreuses variétés ou formes de l'espèce *P. moranensis* portent très souvent le nom de la localité où elles furent découvertes.**

### ▸ PRÉSENTATION GÉNÉRALE

– **Milieu naturel :** Mexique (près du village Huajuapan de Leon), sol moussu humide en milieu semi-ombragé. Climat subtropical, sub-humide, d'altitude. Une espèce, plus quelques formes.
– **Description :** plante vivace terrestre, de 10 cm de diamètre. Feuilles oblongues, à rosette hétérophylle. Nombreuses fleurs rose lilas aux lobes étroits. La période de floraison peut s'échelonner en culture sur plusieurs mois.

### ▸ CONDITIONS PARTICULIÈRES DE CULTURE

– **Température :** en été entre 20 et 30 °C, en hiver 10 à 15 °C.
– **Lumière :** pas de soleil direct, mais une forte luminosité toute l'année.
– **Arrosages :** en période de croissance, on peut maintenir 1 cm d'eau à la base du pot, ou maintenir le substrat simplement humide. Pendant le repos, l'humidité de la terre doit être faible.
– **Hygrométrie :** 50 à 80 %.
– **Substrat :** par exemple 30 % de tourbe blonde, 10 % de sable, 50 % de perlite, 10 % vermiculite.
– **Période de repos :** nécessaire en hiver (ne pas la contrarier par un éclairage artificiel), et un apport de chaleur.
– **Parasites et maladies :** peu sensible, un risque existe néanmoins avec certains cryptogames qui produisent leurs attaques à la fin de l'automne.
– **Remarque :** avec près de 70 espèces, de très nombreuses variétés, formes, hybrides et cultivars, le genre Pinguicula est plein d'avenir. La joliesse des fleurs fait tous les ans succomber de nouveaux amateurs.

# *Pinguicula rotundiflora*
## Lentibulariaceae

**Très appréciée dans les collections pour ses ravissantes et abondantes fleurs violet pâle en plein hiver.**

### ▸ PRÉSENTATION GÉNÉRALE

– **Milieu naturel :** Mexique (région d'Oaxaca : sierra de Tamaulipas). Pousse sur sol moussu. Climat tropical, humide. La mention du climat pour les Pinguicula mexicaine doit être prise avec prudence, car elles poussent souvent en altitude (800 à plus de 3 000 mètres), avec parfois des températures nocturnes qui frôlent 0 °C.
– **Description :** plante vivace terrestre, de 3 cm de diamètre. Feuilles d'été singulières, avec une base étroite et linéaire, arrondie dans la partie supérieure, rosette hétérophylle. Nombreuses fleurs.

### ▸ CONDITIONS PARTICULIÈRES DE CULTURE

– **Température :** en été entre 20 et 30 °C, en hiver 5 à 15 °C.
– **Lumière :** pas de soleil direct, mais une forte luminosité toute l'année.
– **Arrosages :** substrat simplement humide. Pendant le repos, l'humidité de la terre doit être faible.
– **Hygrométrie :** 50 à 80 %.
– **Substrat :** par exemple 30 % de tourbe blonde, 10 % de sable, 50 % de perlite, 10 % vermiculite.
– **Période de repos :** en fin d'hiver.
– **Parasites et maladies :** peu sensible.
– **Remarque :** diffusée au début des années 1980 sous le nom de *Pinguicula spec. nova.* 2, dans l'exceptionnelle liste de vente de Harald Weiner. Cette nouvelle espèce fut officiellement nommée en 1985 par Miloslav Stunicka, *Pinguicula rotundiflora*.

# *Sarracenia alata* var. *rubriopercultata*

## Sarraceniaceae

### ▸ PRÉSENTATION GÉNÉRALE

– **Milieu naturel :** en Amérique du Nord (Mississipi et Louisiane). Pousse dans des sols argileux comme dans des prairies sableuses. Climat tempéré, humide. Après la révision toute récente du genre par S. McPherson et D. Schneel, on considère aujourd'hui l'existence d'une espèce, de cinq variétés et d'une forme.

– **Description :** Plante vivace terrestre, de 70 cm de haut, possédant un rhizome. Feuilles radicales en forme d'urne. Les tiges florales de 75 cm de haut, portent des fleurs solitaires jaune pâle.

**Belle variété plus rare en collection que l'espèce. Elle se différencie par le dessous du capuchon et la gorge rouge foncé.**

### ▸ CONDITIONS PARTICULIÈRES DE CULTURE

– **Température :** en été 20 à 30 °C, hiver 5 à 15 °C. En tourbière extérieure aménagée, elle résiste sans problème à - 10 °C.

– **Lumière :** plein soleil même en période de repos.

– **Arrosages :** adoptez la technique décrite p. 20.

– **Hygrométrie :** 40 à 70 %.

– **Substrat :** par exemple 70 % de tourbe blonde, 20 % de sable, 10 % perlite.

– **Période de repos :** en hiver, forme très rarement des phyllodes (pétioles aplatis qui font office de feuilles).

– **Parasites et maladies :** pucerons, et, plus redoutables, cochenilles floconneuses (poux des racines), dont on se débarrasse très difficilement, et qui affecte aussi les autres *Sarracenia*.

– **Remarque :** cette plante de culture facile forme en quelques années de grosses touffes. Divisez-les, le surplus fera le bonheur de vos amis, vous leur communiquerez sûrement une passion dévorante.

# *Sarracenia* x *excellens*

## Sarraceniaceae

**Cet hybride naturel reste, à mon goût, l'un des plus beaux. Il rivalise sans aucune peine avec les dernières créations horticoles dans ce genre.**

### PRÉSENTATION GÉNÉRALE

– **Milieu naturel :** Amérique du Nord (Georgie, Floride). Croît dans les zones de marais. Climat tempéré, humide. Il provient d'un croisement de Sarracenia minor avec *Sarracenia leucophylla.*

– **Description :** plante vivace terrestre, de 80 cm de haut, possédant un rhizome. Feuilles en forme d'urne. Fleur rouge orangé, solitaire.

### CONDITIONS PARTICULIÈRES DE CULTURE

– **Température :** en été 20 à 30 °C, hiver 1 à 15 °C. En tourbière extérieure aménagée, résiste sans problème à - 10 °C.

– **Lumière :** plein soleil.

– **Arrosages :** adoptez la technique décrite p. 19.

– **Hygrométrie :** 40 à 70 %.

– **Substrat :** par exemple 70 % de tourbe blonde, 20 % de sable, 10 % perlite.

– **Période de repos :** en hiver.

– **Parasites et maladies :** pucerons, cochenilles, botrytis, phytophthora.

– **Remarque :** si vous décidez de recréer vous-même ce croisement, armez-vous de patience. Il faut 7 à 10 ans pour que la progéniture obtienne sa taille définitive, cela par semis traditionnel. Le moment venu, vous savourerez toute la bienveillance que vous leur aurez prodiguée pendant tout ce temps.

# *Sarracenia flava* var. *rugelii*
## Sarraceniaceae

**Cette variété de plante-trompette possède une grande tache rouge sous le capuchon, et de grandes fleurs au printemps.**

### ▸ PRÉSENTATION GÉNÉRALE

– **Milieu naturel :** Amérique du Nord (Floride du Nord et Géorgie du Sud), dans des marécages ou des prairies humides, au sol sableux et parfois tourbeux. Climat tempéré, humide. Après la révision toute récente du genre par S. McPherson et D. Schneel, on considère aujourd'hui l'existence d'une espèce, de six variétés et d'une forme.
– **Description :** plante vivace terrestre, de 1 m de haut, possédant un rhizome. Feuilles radicales en forme d'urne. Fleur jaune, solitaire.

### ▸ CONDITIONS PARTICULIÈRES DE CULTURE

– **Température :** en été 20 à 30 °C, hiver 5 à 15 °C. En tourbière extérieure aménagée, elle résiste sans problème à - 12 °C.
– **Lumière :** plein soleil ou ombre très légère.
– **Arrosages :** adoptez la technique décrite p. 19.
– **Hygrométrie :** 40 à 70 %.
– **Substrat :** par exemple 70 % de tourbe blonde, 20 % de sable, 10 % perlite.
– **Période de repos :** en hiver, présence de phyllodes (pétioles aplatis qui font office de feuilles).
– **Parasites et maladies :** pucerons, cochenilles. Surveillez les attaques de champignons en hiver (botrytis) et en été (phytophthora).
– **Remarque :** dans la serre d'un collectionneur gersois, j'ai découvert un pied magnifique et impressionnant de cette variété. Ma main a pu se glisser au trois quarts dans l'ouverture de l'urne !

▸ *Sarracenia flava* var. *rugelii* dans son milieu naturel en Floride.

# *Sarracenia purpurea* subsp. *venosa*
## Sarraceniaceae

**L'espèce fut introduite au XVIIe siècle en Europe, plus précisément en Grande-Bretagne. C'était la première introduction du genre *Sarracenia* sur le vieux continent.**

### ▸ PRÉSENTATION GÉNÉRALE

– **Milieu naturel :** en Amérique du Nord (Caroline du Nord et du Sud, Alabama, Floride… ). Croît dans les zones de marais. Climat tempéré, humide. Après la révision toute récente du genre par S. McPherson et D. Schneel, on considère aujourd'hui l'existence d'une espèce, d'une sous-espèce, de deux variétés, deux formes et des cultivars.

– **Description :** plante vivace terrestre, de 45 cm de haut, possédant un rhizome. Feuilles en forme de cornet. Fleur rouge, solitaire.

### ▸ CONDITIONS PARTICULIÈRES DE CULTURE

– **Température :** en été 15 à 30 °C, hiver 1 à 15 °C. En tourbière extérieure aménagée, elle résiste sans problème à -12 °C.

– **Lumière :** plein soleil.

– **Arrosages :** adoptez la technique décrite p. 20.

– **Hygrométrie :** 40 à 70 %.

– **Substrat :** par exemple 70 % de tourbe blonde, 20 % de sable, 10 % perlite.

– **Période de repos :** en hiver, mais la plante conserve une partie de son feuillage.

– **Parasites et maladies :** idem aux autres *Sarracenia.*

– **Remarque :** cette sous-espèce, de culture facile, s'adapte très bien à l'extérieur. Je cultive plusieurs pieds depuis plus de 15 ans dans des mini-tourbières artificielles. Ils me procurent chaque année un grand nombre de fleurs, pour confectionner des bouquets. Déception : ils exhalent une odeur de « pipi de chat ».

# *Sarracenia* x *swaniana*
## Sarraceniaceae

**Fruit du croisement entre *Sarracenia minor* et *Sarracenia purpurea*, sa couleur est très variable selon la forme de *Sarracenia purpurea* utilisée.**

### ▸ PRÉSENTATION GÉNÉRALE

– **Milieu naturel :** Amérique du Nord (Caroline du Nord et du Sud, Georgie, Floride). Savane marécageuse. Climat tempéré, humide.
– **Description :** plante vivace terrestre, de 50 cm de haut, possédant un rhizome. Feuilles dressées en forme d'urne, dont le haut est légèrement courbé vers le centre. Fleur grenat, solitaire.

### ▸ CONDITIONS PARTICULIÈRES DE CULTURE

– **Température :** en été 20 à 30 °C, hiver 1 à 15 °C. En tourbière extérieure aménagée, résiste sans problème à -12 °C.
– **Lumière :** plein soleil.
– **Arrosages :** adoptez la technique décrite p. 20.
– **Hygrométrie :** 40 à 70 %.
– **Substrat :** par exemple 70 % de tourbe blonde, 20 % de sable, 10 % perlite.
– **Période de repos :** en hiver.
– **Parasites et maladies :** pucerons, cochenilles, botrytis, phytophthora.
– **Remarque :** toutes les collections devraient le posséder, car il est singulier et facile à élever. Soyez attentif dans votre choix, certains croisements sont plus beaux que d'autres. Comme précisé plus haut, le *Sarracenia purpurea* utilisé soit donnera une forte dominance rouge, soit laissera bien visibles les ocelles blancs de *Sarracenia minor*. C'est à cette seconde possibilité que va ma préférence.

# *Sarracenia* x *wrigleyana*

**Un hybride dont les urnes se parent de magnifiques couleurs automnales, dans une valse de rouges cramoisis et de blancs purs.**

## ▸ PRÉSENTATION GÉNÉRALE

- **Milieu naturel :** Amérique du Nord (Georgie, Floride, Alabama, Mississippi). Croît dans les zones de marais. Climat tempéré, humide. Il provient d'un croisement de *Sarracenia leucophylla* avec *Sarracenia psittacina.*
- **Description :** plante vivace à rhizome, de 25 cm de haut. Feuilles radicales semi-érigées, fortement colorées de rouge en vieillissant, tachetées de blanc aux extrémités. Fleurs rouges.

## ▸ CONDITIONS PARTICULIÈRES DE CULTURE

- **Température :** en été 20 à 30 °C, hiver 1 à 15 °C. En tourbière extérieure aménagée, elle résiste sans problème à - 15 °C.
- **Lumière :** une exposition en plein soleil, pendant la saison de croissance, permettra l'apparition des belles couleurs automnales.
- **Arrosages :** cette plante peut supporter toute l'année d'avoir la base de son pot baignant dans plusieurs centimètres d'eau.
- **Hygrométrie :** 40 à 70 %.
- **Substrat :** par exemple 70 % de tourbe blonde, 20 % de sable, 10 % vermiculite.
- **Période de repos :** hiver.
- **Parasites et maladies :** surtout pucerons et phytophthora.
- **Remarque :** il est bon de tenir compte pour vos *Sarracenias* de l'importance du pied qui recevra le pollen (sujet qui porte la capsule de graines) dans vos croisements entre deux plantes différentes. Des variations peuvent exister dans la progéniture, suivant que c'est l'un ou l'autre des parents qui sont choisis comme femelle.

# *Utricularia blanchetii*
## Lentibulariaceae

**Le nom d'espèce de cette plante rend hommage à un botaniste français, Georges Blanchet.**

### ▸ PRÉSENTATION GÉNÉRALE

- **Milieu naturel :** localisé uniquement au Brésil dans l'État de Bahia. Parmi les rochers, sur des sables humides entre 850 et 1 750 m d'altitude. Climat dans l'ensemble chaud et humide, mais plus frais, suivant l'altitude.
- **Description :** petite plante vivace, lithophyte. Feuilles très fines, en forme de lanière. Hampe florale de 15 cm de haut portant des fleurs pourpres, avec une tache jaune orangé à la base de la lèvre inférieure. Il excite aussi en culture une variante portant des fleurs blanches 3 fois plus petites, dont le statut douteux mériterait d'être précisé.

### ▸ CONDITIONS PARTICULIÈRES DE CULTURE

- **Température :** 15 à 35 °C l'été, 10 à 18 °C l'hiver.
- **Lumière :** situation très lumineuse peut recevoir le soleil direct.
- **Arrosages :** la base du pot peut baigner dans l'eau dans toute l'année.
- **Hygrométrie :** 60 à 80 %.
- **Substrat :** par exemple 50 % de tourbe blonde, 50 % de sable.
- **Période de repos :** pas vraiment marqué.
- **Parasites et maladies :** surveiller le botrytis en hiver, en atmosphère confinée.
- **Remarque :** c'est une des rares utriculaires à floraison hivernale dans notre pépinière gersoise. De plus, la beauté et l'abondance de ces fleurs dans cette période de l'année devraient finir par vous faire succomber à tous ces attraits.

# *Utricularia gibba*
## Lentibulariaceae

**▸ PRÉSENTATION GÉNÉRALE**

– **Milieu naturel :** ubiquiste, fossés, lacs, rivières, marais, eaux oligotrophes à mésotrophes. Zones tempérées et tropicales.
– **Description :** plante vivace, sans racine de 20 cm de long. Feuilles de 0,5 à 1,5 cm de long, utricules de 1 à 2,5 mm. Les tiges florales sortant de l'eau sont du plus bel effet, quand les plantes sont implantées dans un bassin à l'extérieur.

**Parmi les plantes carnivores aquatiques, difficiles de culture, c'est la seule que le néophyte pourra réussir. De très jolies fleurs jaunes en prime.**

**▸ CONDITIONS PARTICULIÈRES DE CULTURE**

– **Température :** eau à 20-25 °C en été, et 10-20 °C en hiver. Souple quant à ses exigences, elle peut être cultivée en extérieur en bassin aménagé, et résiste au moins jusqu'à -10 °C.
– **Arrosages :** voir la préparation de « l'eau des plantes aquatiques ».
– **Hygrométrie :** aucune importance.
– **Substrat :** fond de l'aquarium ou du bassin fait de tourbe blonde.
– **Période de repos :** conditionnée par les températures et la lumière, la plante rentre plus ou moins dans un état de repos.
– **Parasites et maladies :** pucerons sur les hampes florales, attention à certains escargots d'eau.
– **Remarque :** j'ai débuté la culture des plantes carnivores aquatiques par cette espèce. Toute ma reconnaissance va au Dr Jacobus Landwehr qui me l'a fournie. Ce spécialiste mondial des orchidées européennes, éminent botaniste, habitait le Lot où il cultivait cette utriculaire dans un grand bassin extérieur.

# *Utricularia livida* 'Durban'
## Lentibulariaceae

**Des fleurs sur lesquelles il faut savoir se pencher pour en apprécier toute la délicatesse.**

### ▸ PRÉSENTATION GÉNÉRALE

– **Milieu naturel :** Afrique du Sud (région de Durban). Prairies humides, rives de cours d'eau. Climat tropical, humide. Une espèce et quelques formes. La grande variabilité des fleurs de l'espèce avait permis l'existence d'une trentaine de noms d'espèces entre 1847 et 1955. Ils ne sont actuellement que des synonymes.

– **Description :** petite plante vivace terrestre, stolonifère. Feuilles cunéiformes de 1,7 cm de long, utricules de 2 mm. Fleurs plus grandes que celle de l'espèce, moins nombreuses, de couleurs lilas, sans tache jaune.

### ▸ CONDITIONS PARTICULIÈRES DE CULTURE

– **Température :** en été 20 à 35 °C, 5 à 15 °C l'hiver.

– **Lumière :** il lui faut beaucoup de lumière, même du plein soleil, ce qui assure une abondante floraison.

– **Arrosages :** adoptez la technique décrite p. 19.

– **Hygrométrie :** 50 à 80 %.

– **Substrat :** par exemple 70 % de tourbe blonde, 20 % de sable, 10 % de vermiculite.

– **Période de repos :** pas vraiment, simplement un arrêt de floraison en hiver ou en fin d'hiver.

– **Parasites et maladies :** peu fréquents, surveillez l'oïdium et les pucerons sur les hampes florales.

– **Remarque :** les adjectifs pourraient être nombreux pour qualifier les fleurs des utriculaires : ravissantes, gracieuses, délicates… Mon regret vient des nombreuses personnes qui, pour diverses raisons, n'osent se pencher ou se coucher, pour découvrir au bon niveau, à la bonne distance des yeux, la beauté de ces fleurs.

# Utricularia sandersonii
## Lentibulariaceae

### ▸ PRÉSENTATION GÉNÉRALE

– **Milieu naturel :** Afrique du Sud, sur des rochers moussus. Climat tropical à subtropical, humide à sub-humide. Il existe une forme.
– **Description :** petite plante vivace, lithophyte (poussant sur la pierre), stolonifère. Feuilles spatulées de 5 mm, utricules de 1,5 mm. Inflorescence de 2 à 6 cm de haut, fleur mauve pâle. Floraison abondante.

### ▸ CONDITIONS PARTICULIÈRES DE CULTURE

– **Température :** 20 à 35 °C en été, 5 à 20 °C en hiver. Grande souplesse.
– **Lumière :** bonne luminosité. Floraison possible sous lumière artificielle.
– **Arrosages :** adoptez la technique décrite p. 19.
– **Hygrométrie :** 50 à 80 %.
– **Substrat :** par exemple 70 % de tourbe blonde, 20 % de sable, 10 % de vermiculite.
– **Période de repos :** pas vraiment, simplement un arrêt de floraison en hiver ou en fin d'hiver.
– **Parasites et maladies :** peu sensible, surveillez les pucerons.
– **Remarque :** d'une distribution et d'un habitat restreint, elle pousse pourtant, et fleurit facilement en culture. C'est ce que souligne Peter Taylor, spécialiste mondial du genre, auteur de la monographie *The genus Utricularia*, ouvrage de 724 pages, bientôt sur votre table de chevet, comme sur celle de tous les mordus de ce type de plantes.

**Très connue des amoureux de ces végétaux, cette utriculaire est particulièrement recommandée pour tous ceux qui sont sur le « pas de la porte » de cet univers.**

FICHES DE CULTURE PAR ESPÈCE

# PLANTES CARNIVORES
## POUR AMATEURS

Les plantes carnivores présentées dans cette partie raviront l'amateur. Il éprouvera avec elles le plaisir de réussir la culture de végétaux peu malléables mais ô combien désirables, tant leur beauté et leurs formes sont attachantes.

◂ *Sarracenia rubra.*

# *Byblis liniflora*
## Byblidaceae

**Pittosporaceae, *Lentibulariaceae, Byblidaceae*, de 1839 à 1920, cette plante fut classée successivement dans ces trois familles. Ouf ! la dernière fut la bonne.**

### ▸ PRÉSENTATION GÉNÉRALE

– **Milieu naturel :** Australie (de l'Ouest, territoires du Nord, Queensland), Nouvelle-Guinée. Pousse dans les zones marginales plus sèches des milieux humides. Climat tropical, humide. Il existe 5 autres espèces, dont une récemment décrite.
– **Description :** plante annuelle terrestre, de 15 cm de haut. Feuilles linéaires, filiformes, de 8 cm de long. Fleurs mauve rosâtre, qui peuvent éclorent en même temps.

### ▸ CONDITIONS PARTICULIÈRES DE CULTURE

– **Température :** 18 à 30 °C pendant la saison de croissance (printemps, été).
– **Lumière :** beaucoup de lumière d'origine naturelle.
– **Arrosages :** maintenir le substrat humide, ne pas laisser la base du pot tremper dans l'eau.
– **Hygrométrie :** 70 à 80 %.
– **Substrat :** par ex. 50 % de tourbe blonde, 50 % de sable.
– **Période de repos :** annuelle, la plante ne vit que quelques mois et meurt généralement en hiver.
– **Parasites et maladies :** surveillez les pucerons.
– **Remarque :** il faut la ressemer chaque année, en fin de printemps, pour obtenir une bonne germination. La récolte des graines s'effectuera dans l'été, et jusqu'à l'automne. Actuellement, le caractère carnivore, au sens strict, de cette plante est controversé.

# Catopsis berteroniana
## Bromeliaceae

**Comme les *Tillandsia*, surnommés « fille de l'air », il vit en épiphyte. La comparaison s'arrête là, car cette plante a développé des mœurs carnivores.**

### ▸ PRÉSENTATION GÉNÉRALE

– **Milieu naturel :** Amérique du Nord et du Sud (Floride jusqu'en Colombie, Vénézuela, Brésil, Caraïbes). Pousse sur les arbres en compagnie d'autres Broméliacées. Climat, tropical humide. Sur les 21 espèces existantes, celle-ci est la seule carnivore.

– **Description :** plante vivace, plus de 40 cm de haut. Feuilles en forme de gouttières, acuminées. Fleurs blanches de 2 cm de diamètre, portées par une hampe florale atteignant plus de 1 m de haut.

### ▸ CONDITIONS PARTICULIÈRES DE CULTURE

– **Température :** 18 à 35 °C en été, 15 à 20 °C en hiver.

– **Lumière :** forte luminosité nécessaire. L'ensemble du feuillage doit être érigé. Comme pour Brocchinia, on voit souvent en culture des plantes dont l'extrémité des feuilles retombe, par manque de lumière.

– **Arrosages :** vaporisations régulières sur le feuillage. Une fois par semaine si humidité de l'ordre de 90 %.

– **Hygrométrie :** 80 à 90 %.

– **Substrat :** aucun, coller la base de la plante, avec une colle néoprène, sur un morceau de liège.

– **Période de repos :** pas vraiment.

– **Parasites et maladies :** attention aux cochenilles.

– **Remarque :** si vous cultivez des *Tillandsia*, vous n'aurez pas de problème avec cette plante, tant la culture est similaire. Pour les autres, soyez vigilant avec l'humidité atmosphérique et la lumière.

# *Cephalotus follicularis*
## Cephalotaceae

**Une des plantes carnivores les plus attirantes et les plus convoitées. Sa culture reste néanmoins réservée aux amateurs.**

### ▸ PRÉSENTATION GÉNÉRALE

– **Milieu naturel**: Australie du Sud (de la ville d'Augusta jusqu'au nord-est de celle d'Albany). Elle se développe dans des marais tourbeux, dont l'eau ruisselle souvent sous la surface. Climat de type méditerranéen, atténué par la proximité de l'océan. Une seule espèce et un cultivar.
– **Description**: plante vivace terrestre, pouvant atteindre 60 cm de diamètre. Feuilles de deux formes: simple et lancéolées pour les premières, les secondes forment les pièges en ascidies. L'inflorescence de 60 cm de haut porte des petites fleurs blanches sans pétales.

### ▸ CONDITIONS PARTICULIÈRES DE CULTURE

– **Température**: 18 à 35 °C l'été, 5 à 15 °C l'hiver.
– **Lumière**: pousse en situation ombragée, ainsi qu'en forte luminosité; évitez le plein soleil.
– **Arrosages**: adoptez la technique décrite p. 19.
– **Hygrométrie**: 60 à 95 %.
– **Substrat**: par exemple, 50 % de tourbe blonde, 10 % de sable, 30 % de perlite, 10 % de vermiculite.
– **Période de repos**: en hiver.
– **Parasites et maladies**: pucerons et oïdium sont les plus fréquents.
– **Remarque**: je suis toujours persuadé qu'elle reste en culture une plante « lunatique ». Elle peut croître à profusion pendant de nombreuses années ou s'obstiner à végéter, puis à mourir rapidement. Plus encore que toutes les autres, un grand volume de tourbe semble essentiel.

▸Le rare cultivar *Cephalotus* 'Hummer's Giant'.

# *Drosera adelae*

## Droseraceae

**Rares sont les *Drosera* aux fleurs rouges. Il vous les procurera en abondance, pour peu que vous le placiez dans ses conditions d'origine.**

### ▸ PRÉSENTATION GÉNÉRALE

– **Milieu naturel :** Australie (Queensland : localisé à 100 km au Sud-Est de Cairns). Pousse dans les secteurs montagneux, aux précipitations élevées. Climat tropical, humide. Il existe quelques variantes, au rang taxonomique à préciser.
– **Description :** petite plante vivace terrestre, de 25 cm de haut. Feuilles lancéolées, acuminées de 10 à 25 cm de long, 10 mm de large. Inflorescence de 35 cm de haut, nombreuses fleurs rouges.

### ▸ CONDITIONS PARTICULIÈRES DE CULTURE

– **Température :** 18 à 30 °C en été, 16 à 20 °C l'hiver.
– **Lumière :** tamisée, surtout pas de soleil direct.
– **Arrosages :** adoptez la technique décrite p. 19.
– **Hygrométrie :** 80 à 90 % pour une pousse optimale.
– **Substrat :** par exemple 50 % de tourbe blonde, 20 % de sable, 30 % de perlite.
– **Période de repos :** en hiver.
– **Parasites et maladies :** attention aux pucerons.
– **Remarque :** une culture saine et vigoureuse sur le long terme reste imprévisible. Ce *Drosera* m'a fait connaître, dans ma pépinière, peines et joies. Parcimonieux ou abondant suivant les années, il reste malgré tout difficile à perdre totalement, si l'on prend soin de lui fournir humidité et chaleur.

# *Drosera affinis*

## Droseraceae

**Depuis quelques années, ce droséra sort de l'anonymat, on le trouve de plus en plus couramment en culture, c'est mérité. Voici un sujet idéal pour l'amateur de plantes carnivores.**

### ▸ PRÉSENTATION GÉNÉRALE

- **Milieu naturel :** Afrique tropicale (Angola, Congo, Malawi, Mozambique, Tanzanie, Zambie, Zimbabwe). Il pousse dans des savanes marécageuses, parmi les herbes. Climat tropical.
- **Description :** plante à tige très allongée, flexueuse, longue de 10-25 cm. Feuilles étroitement spatulées ou oblancéolées. Petites fleurs violacées.

### ▸ CONDITIONS PARTICULIÈRES DE CULTURE

- **Température :** 18 à 35 °C l'été, 15 à 18 °C l'hiver.
- **Lumière :** situation lumineuse, mais sans soleil direct.
- **Arrosages :** supporte d'avoir la base du pot qui baigne toute l'année dans 3 à 5 cm d'eau.
- **Hygrométrie :** 80 à 90 %.
- **Substrat :** par exemple 60 % de tourbe blonde, 40 % de sable ou de perlite.
- **Période de repos :** très légère en hiver.
- **Parasites et maladies :** le plus dangereux, les pucerons qui peuvent entraîner la mort de la plante.
- **Remarque :** vraiment à l'aise en terrarium où serre tropicale, il vous gratifiera dans ces conditions d'une multiplication abondante. Cette propagation ne viendra pas par les graines, qui dans les conditions d'air saturé d'humidité, ne se forment pas, mais par des rejets produits par les pieds adultes.

# *Drosera burmannii*
## Droseraceae

**Vous serez surpris en observant ses poils glanduleux marginaux. Ils sont dotés de mouvements rapides, bien visibles à l'œil, pour la capture des proies.**

### ▶ PRÉSENTATION GÉNÉRALE

– **Milieu naturel :** Australie, Inde, Chine, Japon, Sud-Est de l'Asie. Les sols sont variables : sable, tourbe, grès, terre grasse… Climat tropical. Il existe quelques variantes, au rang taxonomique à préciser.
– **Description :** plante annuelle, terrestre, de 2 à 4 cm de diamètre. Feuilles obovales, spatulées. Nombreuses fleurs blanches de 8 mm de diamètre.

### ▶ CONDITIONS PARTICULIÈRES DE CULTURE

– **Température :** 18 à 35 °C pendant la saison de croissance (printemps, été).
– **Lumière :** forte luminosité.
– **Arrosages :** adoptez la technique décrite p. 19.
– **Hygrométrie :** 70 à 80 %.
– **Substrat :** par exemple 70 % de tourbe blonde, 10 % de sable, 10 % de perlite, 10 % de vermiculite.
– **Période de repos :** annuelle, la plante ne vit que quelques mois et meurt généralement en hiver.
– **Parasites et maladies :** pucerons, botrytis. Ce dernier détruit rapidement la plante.
– **Remarque :** ce Drosera original fut parmi les premiers que je voulus posséder. Ces végétaux annuels se multiplient abondamment, mais leur acclimation est délicate. Près de 8 ans d'essais furent nécessaires, pour arriver à obtenir un cycle de vie complet. Les plantes succombaient les unes après les autres, sans fleurir, et donc aucun espoir de graines. La persévérance, la patience finirent par aboutir. Depuis, les générations se succèdent pour mon grand bonheur.

# *Drosera menziesii*

## Droseraceae

### ▶ PRÉSENTATION GÉNÉRALE

– **Milieu naturel :** Australie (approximativement au sud-ouest d'une ligne reliant la ville d'Eneabba au mont Ragged). Pousse près des marais, sols glaiseux, sableux et tourbeux. Climat, subtropical ou méditerranéen. Il existe trois sous-espèces.
– **Description :** plante bulbeuse, vivace, terrestre, flexueuse, de 25 cm de haut. Feuilles orbiculaires, de 3,5 mm de diamètre. Bulbe rouge. Jolies fleurs rose foncé.

**La plus renommée du groupe des *Drosera* tubéreux, dont la particularité est de former des petits bulbes, de couleur et de taille variables.**

### ▶ CONDITIONS PARTICULIÈRES DE CULTURE

– **Température :** 18 à 40 °C l'été, 5 à 15 °C l'hiver.
– **Lumière :** forte lumière, même du plein soleil.
– **Arrosages :** tenir humide pendant la période de croissance (décembre à mai-juin). Le reste du temps, la plante est au repos. Apporter de l'eau avec parcimonie pour maintenir le sol à peine frais, et éviter la dessiccation du bulbe.
– **Hygrométrie :** 40 à 70 %.
– **Substrat :** par exemple 20 % de tourbe blonde, 80 % de sable.
– **Période de repos :** fin du printemps, été, début de l'automne.
– **Parasites et maladies :** pucerons.
– **Remarque :** si la culture des *Drosera* bulbeux vous tente, faites vos premiers essais avec cette plante. Facile à faire pousser et fleurir, vous acquerrez avec elle à la longue, un certain doigté. Il vous permettra de réussir la culture des autres espèces de ce groupe, comptant parmi les plus belles.

# Drosera stelliflora
## Droseraceae

**Petit bijou aux fleurs blanches, appartenant au groupe qualifié de « miniature ». Ses rosettes se situent en dessous de 3 cm de diamètre.**

### PRÉSENTATION GÉNÉRALE

– **Milieu naturel :** Australie (uniquement dans la région entre Busselton et Augusta). Climat de type méditerranéen.
– **Description :** plante vivace terrestre, de 2,5 cm de diamètre. Feuilles elliptiques, de 2,5 mm de long, 1,3 mm de large. Hampe florale de 4 cm de haut, portant plus de 40 petites fleurs de 4 mm de diamètre.

### CONDITIONS PARTICULIÈRES DE CULTURE

– **Température :** 18 à 40 °C l'été, 5 à 15 °C l'hiver.
– **Lumière :** forte lumière, même du plein soleil.
– **Arrosages :** tenir humide pendant la période de croissance (décembre à mai-juin), le reste du temps il est nécessaire d'apporter l'eau avec parcimonie ; éviter juste le point de flétrissement.
– **Hygrométrie :** 40 à 70 %.
– **Substrat :** on peut par exemple utiliser la composition suivante : 40 % de tourbe blonde, 40 % de sable, 10 % de perlite, 10 % de vermiculite.
– **Période de repos :** en été, la plante ne vit que quelques mois en culture, elle meurt généralement à la fin de l'automne après la phase de dispersion des gemmes (forme de multiplication végétative de ce groupe de *Drosera* miniatures).
– **Parasites et maladies :** pucerons, botrytis qui sévit au stade des gemmes.
– **Remarque :** on doit la description récente en 1992 de ce Drosera à deux éminents botanistes S. Carlquist et A. Lowrie. Ce dernier, très connu des passionnés de plantes carnivores, pour son excellente trilogie sur la flore carnivore australienne, *Carnivorous Plants of Australia.*

# Genlisea hispidula
## Lentibulariaceae

**Difficile à se procurer et délicat à cultiver, c'est un des genres les moins fréquents chez les collectionneurs de plantes carnivores.**

### ▸ PRÉSENTATION GÉNÉRALE

– **Milieu naturel :** Afrique tropicale, de l'Ouest, du Sud. Marais, sur sol humide ou en eau peu profonde. Climat tropical. Une sous-espèce.

– **Description :** plante vivace semi-aquatique de 8 cm de diamètre, aux feuilles spatulées 2 à 4 cm de long. Ses pièges, diaphanes en forme de fourche et possédant une petite cavité, sont d'un type unique parmi les plantes carnivores. Petites fleurs mauves.

### ▸ CONDITIONS PARTICULIÈRES DE CULTURE

– **Température :** 18 à 30 °C en été, 18 à 20 °C l'hiver.

– **Lumière :** beaucoup de lumière.

– **Arrosages :** vous devez ici utiliser une soucoupe plus haute que le pot. Pendant la période de croissance (printemps-été), tenir le niveau d'eau juste en dessous du bord supérieur du pot. Le reste de l'année, maintenir l'eau au quart de la hauteur du pot.

– **Hygrométrie :** 80 à 90 %.

– **Substrat :** par exemple 10 % de tourbe blonde, 90 % de sable grossier.

– **Période de repos :** hiver.

– **Parasites et maladies :** attention aux pucerons sur les hampes florales.

– **Remarque :** il me semble que, des douze espèces que je cultive actuellement, celui-ci soit la moins difficile. J'espère que ces plantes, d'aspect anodin, prendront une place plus grande dans les collections, qui ne sauraient être complètes sans une espèce de ce genre.

# *Genlisea margaretae*

## Lentibulariaceae

**Vous ne savez peut-être pas que cette toute petite plante pourrait figurer au livre des records. Elle détient le plus petit génome connu chez les plantes à fleurs. Imaginez sa taille, on la compare à celle d'un génome de bactérie.**

### ▸ PRÉSENTATION GÉNÉRALE

- **Milieu naturel :** Afrique (Tanzanie, Zambie, Madagascar). Zones tourbeuses et sur des sols suintants. Climat tropical.
- **Description :** petite plante vivace terrestre stolonifère. Feuilles obovales à presque linéaires de 1,5 cm de long. Pièges diaphanes en forme de fourche de 20 cm de long. Hampe florale de 15 à 30 cm de hauteur, nombreuses fleurs violettes.

### ▸ CONDITIONS PARTICULIÈRES DE CULTURE

- **Température :** 18 à 35 °C en été, 18 à 20 °C l'hiver.
- **Lumière :** beaucoup de lumière, c'est la condition primordiale pour obtenir une floraison abondante.
- **Arrosages :** toute l'année, tenir le niveau d'eau juste en dessous du bord supérieur du pot.
- **Hygrométrie :** 70 à 80 %.

- **Substrat :** tourbe blonde naturelle sans addition d'éléments de drainage.
- **Période de repos :** en été si les températures sont supérieures à 35 °C.
- **Parasites et maladies :** pucerons, botrytis en hiver et plus rarement des pythiums.
- **Remarque :** depuis la 1re édition de cet ouvrage en 2000, la compréhension de la culture des *Genlisea* a fortement progressé. En 2011, les trois points capitaux sont les suivants : un substrat très pauvre, pas de température hivernale inférieure à 18 °C pour presque toutes les espèces et un renouvellement annuel du substrat.

# *Heliamphora folliculata*
## Sarraceniaceae

### ▸ PRÉSENTATION GÉNÉRALE

- **Milieu naturel :** Sud du Venezuela, sur les plateaux, formant le groupe des Tepuys Aparaman (Tepuy Aparaman, Tepuy Kamakeiwaran, Tepuy Murosipan et Tepuy Tereke). De préférence sur des rochers humides. Climat tropical d'altitude, fortement changeant.
- **Description :** plante vivace terrestre, de 30 cm de haut. Feuilles en forme de cornet cylindrique muni d'un opercule. Le nom de l'espèce provient de la physionomie de cet opercule (cuillère à nectar), « folliculata » signifiant en forme de petit ballon, de petite poche. Hampes florales de 35 cm de haut, pédoncule glabre, portant des fleurs blanc rosé.

**Décrite il y a une dizaine d'années, cet héliamphore et l'un des plus intéressants par la forme de ces urnes et l'architecture singulière de ces étranges opercules.**

### ▸ CONDITIONS PARTICULIÈRES DE CULTURE

- **Température :** 15 à 30 °C l'été, 5 à 18 °C l'hiver.
- **Lumière :** dans la nature elle pousse en plein soleil, en culture, vous devrez lui fournir beaucoup de lumières.
- **Arrosages :** utiliser une soucoupe plus haute que le pot. Pendant la période de croissance (printemps-été), le niveau d'eau peut se situer à la moitié de la hauteur du pot. Le reste de l'année maintenir le substrat juste humide.
- **Hygrométrie :** 70 à 80 %.
- **Substrat :** 50 % de tourbe blonde, 50 % de sable ou de perlite.
- **Période de repos :** milieu de l'hiver et milieu de l'été.
- **Parasites et maladies :** pucerons, cochenilles et pythium.
- **Remarque :** quoique je ne cultive pas cette espèce depuis très longtemps, elle ne semble pas très délicate. La croissance des jeunes plantes est lente, mais cela est le propre d'un grand nombre d'*Heliamphora* à l'état juvénile. Soyez patient, vous serez récompensé au bout de quelques années !

# *Heliamphora nutans*
## Sarraceniaceae

### ▸ PRÉSENTATION GÉNÉRALE

– **Milieu naturel :** Venezuela (Mont Roraima, Tepuy Kukenan, Tepuy Yuruani, Tepuy Wei Assipu…). . Elle pousse dans des sables gréseux, sur des rochers, avec un peu d'humus. Climat tropical, fortement changeant, créant d'importantes amplitudes thermiques. Un hybride naturel et des hybrides horticoles.
– **Description :** plante vivace terrestre, de 30 cm de haut. Feuilles en forme de cornet munies d'un petit opercule. Grandes hampes, portant des fleurs blanches, penchées en avant.

**Cette espèce paraît être la plus cultivée du genre, endémique des Tepuys vénézuéliens, sans doute parce que ce fut la première à être découverte, en 1838.**

◂La grande fleur de *H. heterodoxa* x *H. minor.*

### ▸ CONDITIONS PARTICULIÈRES DE CULTURE

– **Température :** 15 à 30 °C l'été, 5 à 18 °C l'hiver.
– **Lumière :** très forte luminosité.
– **Arrosages :** utiliser une soucoupe plus haute que le pot. Pendant la période de croissance (printemps-été), tenir le niveau d'eau juste en dessous du bord supérieur du pot. Le reste de l'année, le maintenir à mi-hauteur.
– **Hygrométrie :** 60 à 90 %.
– **Substrat :** par exemple, 50 % de tourbe blonde, 10 % de sable, 30 % de perlite, 10 % de vermiculite.
– **Période de repos :** milieu de l'hiver et milieu de l'été.
– **Parasites et maladies :** pucerons, cochenilles, et champignons.
– **Remarque :** je ne peux m'empêcher, à la vue d'un *Heliamphora*, de penser à Conan Doyle. Il situait un de ses romans, *Le Monde perdu*, sur les hauts plateaux vénézueliens qui les abritent. Délectez-vous de ce livre si vous ne l'avez pas encore fait. Pensez pour la circonstance, à mettre une de ces plantes près de vous, le voyage est garanti…

# *Heliamphora tatei*
## Sarraceniaceae

**Surprenante par sa taille, cette espèce forme des troncs de plusieurs mètres de haut, qui supportent les urnes.**

### ▸ PRÉSENTATION GÉNÉRALE

– **Milieu naturel :** Venezuela, hauts plateaux des Tepuys : Cerro Duida, Cerro Huachamacari, Cerro Maharuaca, dans des sables gréseux, sur des rochers avec un peu d'humus. Climat tropical, fortement changeant, créant d'importantes amplitudes thermiques. Malgré les publications récentes (2011) de révision du genre, le rang taxonomique de certaines espèces et variétés est encore pour longtemps un sujet à discussion.
– **Description :** plante vivace terrestre, de 1 à 5 m de haut. Feuilles en forme de cornet munies d'un petit opercule. Grandes hampes, portant des fleurs blanches ou rouges.

### ▸ CONDITIONS PARTICULIÈRES DE CULTURE

– **Température :** 15 à 30 °C l'été, 5 à 18 °C l'hiver.
– **Lumière :** très forte luminosité.
– **Arrosages :** utiliser une soucoupe plus haute que le pot. Pendant la période de croissance (printemps-été), tenir le niveau d'eau juste en dessous du bord supérieur du pot. Le reste de l'année, le maintenir à mi-hauteur.
– **Hygrométrie :** 60 à 90 %.
– **Substrat :** par exemple 100 % de sphaigne vivante.
– **Période de repos :** milieu de l'hiver et milieu de l'été.
– **Parasites et maladies :** pucerons, cochenilles, et champignons.
– **Remarque :** comme les autres plantes du genre, elle apprécie les écarts de température sur 24 heures. Si votre installation le permet, procurez-leur des journées pas trop chaudes, et des nuits fraîches.

# *Nepenthes gymnanphora*
## Nepenthaceae

### ▸ PRÉSENTATION GÉNÉRALE

– **Milieu naturel :** Sumatra et Java. Forêt, sur sol moussu. Climat tropical, humide, d'altitude.

– **Description :** plante vivace terrestre, grimpante, de 15 à 40 m de haut, feuilles lancéolées, urnes du bas de 12 cm, en forme de bulbe, celles du haut de 18 cm, plus cylindriques. Inflorescence de plus de 30 cm de long.

**Cette espèce qui pousse sur deux îles présente pour cette raison quelques variations. Ces formes méritent d'être cultivées, tant je leur trouve d'élégance.**

### ▸ CONDITIONS PARTICULIÈRES DE CULTURE

– **Température :** 16 à 30 °C l'été, 16 à 20 °C l'hiver.

– **Lumière :** bonne luminosité, mais pas de soleil direct.

– **Arrosages :** maintenir le sol humide tout au long de l'année, sans laisser la base du pot tremper dans l'eau.

– **Hygrométrie :** 80 à 90 %.

– **Substrat :** par exemple 50 % fibre de coco, 10 % écorces stabilisées, 10 % gravier, 10 % argile, 10 % polystyrène, 10 % vermiculite.

– **Période de repos :** hiver.

– **Parasites et maladies :** surtout cochenilles à carapaces.

– **Remarque :** mes plantes, en plusieurs années de culture, restent d'un petit développement. Là aussi, j'ai pu noter des variations significatives, d'une année sur l'autre, de la croissance, tantôt vigoureuse, tantôt faible. Mais mon plaisir reste intact : à chaque saison, cette espèce me procure la vision de ses jolies urnes.

# *Nepenthes hirsuta*
## Nepenthaceae

**Méritant bien son qualificatif, il est hérissé de poils. De plus, comme tous les autres *Nepenthes*, il existe des pieds mâles et des pieds femelles.**

### ▸ PRÉSENTATION GÉNÉRALE

– **Milieu naturel :** Bornéo (Sarawak, Brunei, Sabah, Kalimantan). Bords des escarpements, sur des sols sablo-gréseux, dans des mousses. Climat tropical, de plaine. Actuellement les anciennes variétés ne sont pas retenues.
– **Description :** plante terrestre, grimpante, de 2 m de haut, feuilles lancéolées, spatulées, urnes cylindriques de 15 cm de haut. Inflorescence de plus de 18 cm de long.

### ▸ CONDITIONS PARTICULIÈRES DE CULTURE

– **Température :** 16 à 30 °C l'été, 16 à 20 °C l'hiver.
– **Lumière :** bonne luminosité, mais pas de soleil direct.
– **Arrosages :** maintenir le sol humide tout au long de l'année, sans laisser la base du pot tremper dans l'eau.

– **Hygrométrie :** 80 à 90 %.
– **Substrat :** par exemple 50 % fibre de coco, 10 % écorces stabilisées, 10 % gravier, 10 % argile, 10 % polystyrène, 10 % vermiculite.
– **Période de repos :** hiver.
– **Parasites et maladies :** surtout cochenilles à carapaces.
– **Remarque :** les meilleurs résultats que j'ai obtenus avec cette espèce l'ont été en utilisant des pots en terre cuite de 20 cm de diamètre.

# Sarracenia rubra
## Sarraceniaceae

### ▶ PRÉSENTATION GÉNÉRALE

– **Milieu naturel :** Amérique du Nord (Georgie, Caroline du Nord et Sud). Croît dans des marécages, plaines humides, sol sableux, parfois tourbeux. Climat tempéré, humide. Il existe quatre sous-espèces.
– **Description :** plante vivace terrestre, de 50 cm de haut, possédant un rhizome. Feuilles érigées, en forme d'urne. Fleur rouge, solitaire, les plus petites du groupe.

### ▶ CONDITIONS PARTICULIÈRES DE CULTURE

– **Température :** 20 à 30 °C l'été, 5 à 15 °C l'hiver. En tourbière extérieure aménagée, résiste sans problème à - 12 °C.
– **Lumière :** plein soleil.
– **Arrosages :** adoptez la technique décrite p. 19.
– **Hygrométrie :** 40 à 70 %.
– **Substrat :** par exemple 70 % de tourbe blonde, 10 % de sable, 10 % de perlite, 10 % de vermiculite.
– **Période de repos :** hiver.
– **Parasites et maladies :** pucerons, cochenilles, surveillez les attaques de champignons en hiver (botrytis) et (phytophthora) en été.
– **Remarque :** je ne sais pas pourquoi, mais ce groupe semble sensible aux attaques de champignons en hiver, surtout en culture intérieure (serre ou maison). Depuis 30 ans, j'ai utilisé divers traitements, aucun n'ayant vraiment réussi sur ce problème récurrent, vos solutions seront bienvenues !

**Cette espèce se décline en plusieurs sous-espèces et quelques formes qui produisent une grande variété de taille de fleur et de nuances, allant du rouge profond au vert jaunâtre.**

# *Utricularia fulva*

## Lentibulariaceae

**Les fleurs qui éclosent, merveilleuses par leur couleur jaune abricot, permettent de la différencier des quelques 200 autres espèces du genre.**

### ▸ PRÉSENTATION GÉNÉRALE

– **Milieu naturel :** Australie (territoires du Nord), dans les zones sablo-gréseuses. Climat tropical.

– **Description :** plante plus ou moins annuelle, terrestre, stolonifère. Feuilles étroites, linéaires, pouvant atteindre 8 cm de long, utricules de 5 mm. Hampe florale de 7 à 40 cm de haut, portant de petites fleurs.

### ▸ CONDITIONS PARTICULIÈRES DE CULTURE

– **Température :** 16 à 35 °C l'été, 16 à 20 °C l'hiver.

– **Lumière :** forte luminosité.

– **Arrosages :** adoptez la technique décrite p. 19. On peut aussi laisser la base du pot baigner toute l'année dans un peu d'eau.

– **Hygrométrie :** 70 à 90 %.

– **Substrat :** par exemple, 70 % de tourbe blonde, 20 % de sable, 10 % de vermiculite.

– **Période de repos :** pas vraiment.

– **Parasites et maladies :** pucerons.

– **Remarque :** cette espèce, rare à l'achat, mérite d'être mieux connue et mieux diffusée. Dans ma pépinière, elle se comporte comme une plante vivace. La serre chaude qui l'héberge semble favorable à sa croissance, elle devient même envahissante. Dommage que sa floraison soit si timide ; je n'obtiens que quelques fleurs par an.

# Utricularia nelumbifolia
## Lentibulariaceae

### ▶ PRÉSENTATION GÉNÉRALE

- **Milieu naturel :** Brésil entre 800 et 2 200 m d'altitude. Uniquement en épiphyte sur des broméiies, dans un environnement volcanique relativement aride. Climat tropical de montagne.
- **Description :** plante vivace épiphyte ou aquatique, stolonifère. Grandes feuilles vertes cordiformes de 5 cm de diamètre. Hampes florales pouvant atteindre plus de 1 m de long, fleurs mauves, palais ourlé de deux bandes jaunes.

**Cette plante pousse dans l'eau de pluie retenue par les larges « feuilles réservoir » de certaines Broméliacées appelées *Vriesia*.**

### ▶ CONDITIONS PARTICULIÈRES DE CULTURE

- **Température :** 18 à 30 °C l'été, 10 à 20 °C l'hiver.
- **Lumière :** une situation lumineuse sans soleil direct lui conviendra.
- **Arrosages :** utiliser une soucoupe aussi haute que le pot. Pendant la période de croissance (printemps-été), tenir le niveau d'eau au 3/4 de la hauteur du pot. Le reste de l'année, le maintenir au quart de la hauteur.
- **Hygrométrie :** 50 à 90 %.
- **Substrat :** par exemple 50 % de tourbe blonde mélangé à 50 % de perlite, attention aux matériaux drainants qui se tassent.
- **Période de repos :** légère entre janvier et mars.
- **Parasites et maladies :** surtout oïdium et pythium.
- **Remarque :** vous pouvez utiliser de préférence un pot panier (type plante aquatique), qui permettra une meilleure aération du sol. Ce dernier permettra aussi d'éviter l'échauffement du substrat qui pourrait être fatal à la plante lors des périodes estivales accompagnées d'une température supérieure à 30 °C.

FICHES DE CULTURE PAR ESPÈCE

# PLANTES CARNIVORES
## POUR AMATEURS CHEVRONNÉS

Les plantes carnivores présentées dans cette partie sont réservées à l'amateur chevronné. Ici la patience, vertu primordiale du jardinier, prend tout son sens. Attendez sept à dix ans avant d'en faire l'acquisition, car toute erreur, même minime, de culture se soldera par la perte de la plante.

◂ L'endémique *Nepenthes pervillei* des Seychelles.

# *Aldrovanda vesiculosa*
## Droseraceae

**En France, cette plante aquatique, qui poussait au siècle dernier en abondance dans deux localités, semble disparue depuis une trentaine d'années.**

### ▸ PRÉSENTATION GÉNÉRALE

– **Milieu naturel :** Europe, Afrique, Asie, Japon et Australie. Dans les eaux douces, calmes, acides (étangs…). Climat tropical, subtropical, et tempéré. Actuellement, les anciennes variétés ou forme ne sont pas retenues. On a découvert récemment en Australie, des populations fortement teintées de rouge, magnifiques !
– **Description :** petite plante vivace, aquatique, flottante sans racine, de 10 à 50 cm de long. Feuilles réunies en verticilles, pièges à charnières de 5 à 7 mm de long. Fleurs blanc verdâtre, de 8 mm.

### ▸ CONDITIONS PARTICULIÈRES DE CULTURE

– **Température :** la température de l'eau conditionne la croissance (avec la lumière) : populations tropicales : 22 à 30 °C l'été, 18 à 20 °C l'hiver. Populations tempérées (culture en extérieur) : 18 à 25 °C l'été, - 20 à 10 °C l'hiver.
– **Lumière :** soleil, ou légèrement tamisée.
– **Arrosages :** voir p. 21 " La préparation de l'eau des plantes aquatiques ».
– **Hygrométrie :** aucune importance.
– **Substrat :** fond de l'aquarium ou du bassin fait de tourbe blonde.
– **Période de repos :** oui pour les espèces tempérées, non pour les tropicales.
– **Parasites et maladies :** mollusques d'eau.
– **Remarque :** malgré les travaux remarquables entrepris sur la compréhension de sa biologie et de sa culture, par Mrs L. Adamec de République Tchèque et C. Breckpot de Belgique, cette espèce reste l'une des plus difficiles.

# *Byblis gigantea*
## Byblidaceae

### ▶ PRÉSENTATION GÉNÉRALE

– **Milieu naturel :** Australie de l'Ouest (autour de la ville de Perth, Badgingarra, Eneabba). Se développe dans des marais, sur des sables blancs. Climat sub-humide, tempéré.

– **Description :** plante vivace terrestre, de 60 cm de haut. Feuilles linéaires de 20 cm de long. Fleurs de couleurs variables, roses, pourpres, très rarement blanches.

**Intime relation que cette plante entretient avec les insectes, dans le cœur de ses fleurs. C'est la vibration de leurs ailes, en phase d'approche, qui provoque la libération du pollen.**

### ▶ CONDITIONS PARTICULIÈRES DE CULTURE

– **Température :** 18 à 30 °C en été, 8 à 10 °C l'hiver.
– **Lumière :** beaucoup (optez pour celle d'origine naturelle).
– **Arrosages :** maintenir le substrat humide, ne jamais laisser la base du pot tremper dans l'eau.
– **Hygrométrie :** 60 à 80 %.
– **Substrat :** par exemple, 80 % de sable blanc de quartz et 20 % de tourbe blonde.
– **Période de repos :** hiver.
– **Parasites et maladies :** surveillez les pucerons et l'oïdium.
– **Remarque :** le *Byblis gigantea* est réputé pour être délicat, cela est vrai.
Sa germination est aléatoire et sa durée de vie limitée à 2, voire 3 ans, en culture. N'arrosez jamais le dessus de la terre, l'eau doit être apportée par le dessous, et avec parcimonie en hiver, en été et en automne.

# *Darlingtonia californica*

## Sarraceniaceae

**Évoquant un serpent, c'est l'une des plus originales. À taille adulte, elle est impressionnante, mais pour l'amener à ce stade, il vous faudra de la dextérité.**

### ▸ PRÉSENTATION GÉNÉRALE

– **Milieu naturel :** Amérique du Nord (Oregon, Californie). Marais en plaine et en altitude, sur sol dit de serpentine, avec sphaignes, souvent flux d'eau froide sous la surface. Climat tempéré frais et humide, mais grandes variations des températures. Une seule espèce, une forme et un cultivar.
– **Description :** plante vivace, terrestre, de 0,90 à 1 m de haut, feuilles en cornets, dôme sur la partie supérieure avec un appendice. Les fleurs, à pétales bruns et sépales verts, sont suspendues.

### ▸ CONDITIONS PARTICULIÈRES DE CULTURE

– **Température :** 15 à 30 °C l'été, l'hiver 5 à 15 °C. En tourbière extérieure, elle résiste à - 10 °C, -12 °C.
– **Lumière :** de préférence à mi-ombre (les pieds seront alors plus grands qu'en plein soleil).
– **Arrosages :** Voir p. 19.
– **Hygrométrie :** 60 à 80 %.
– **Substrat :** par exemple 70 % de tourbe blonde, 20 % de sable, 10 % de vermiculite. Ajoutez une fine couche de sphaigne vivante sur le dessus du sol.
– **Période de repos :** hiver.
– **Parasites et maladies :** pucerons, cochenilles, acariens, oïdium.
– **Remarque :** ayant la réputation d'être compliquée en culture, on trouve dans la littérature une foule de méthodes pour la réussir. Les appliquer risque de transformer votre temps libre en véritable cauchemar. Essayez plutôt un grand volume de tourbe et une culture à l'extérieur : peut-être la fin du cauchemar.

# *Dionaea* 'Cudo'
## Droseraceae

### ▸ PRÉSENTATION GÉNÉRALE

- **Milieu naturel :** d'origine horticole, cette plante provient d'un semis effectué par Miroslav Srba. Le nom *cudo*, de la langue slovaque, signifierait « étrange ».
- **Description :** plante minuscule de 2 cm de diamètre, pétioles courts, lobes recourbés et des cils tronqués. Floraison : non observée jusqu'à présent.

**Cette sélection représente ce que l'on fait de plus nain depuis ces dix dernières années dans le petit monde des collectionneurs de dionées mutantes.**

### ▸ CONDITIONS PARTICULIÈRES DE CULTURE

- **Température :** en hiver entre 18 et 20 °C, en été de 20 à 35 °C. Aucune résistance au gel.
- **Lumière :** une bonne lumière diffusée par des lampes horticoles lui convient parfaitement. Je n'ai pas testé la situation en ensoleillement direct l'été.
- **Arrosages :** maintenir le substrat humide pendant toute l'année, il n'est pas nécessaire à la belle saison de laisser la base du pot baigner dans l'eau.
- **Hygrométrie :** de 80 à 90 %.
- **Substrat :** 50 % de tourbe blonde en mélange à 50 % de perlite ou de sable d'aquarium.
- **Période de repos :** pratiquement aucune, la plante pousse toute l'année.
- **Parasites et maladies :** attaque possible de pucerons, botrytis en hiver si température trop fraîche.
- **Remarque :** les deux problèmes, me semble-t-il, sont les conditions chaudes et humides qu'il faudrait lui prodiguer toute l'année et sa taille minuscule qui oblige à surveiller l'apparition des mousses et leur croissance qui étouffe très rapidement la plante. Ne pas hésiter à renouveler tous les 6 mois le substrat.

# *Drosera arenicola var. occidentalis*
## Droseraceae

**Voici un petit droséra dont le nom latin signifie qu'il affectionne les milieux sableux. Il arbore très souvent un feuillage rouge vif.**

### ▸ PRÉSENTATION GÉNÉRALE

– **Milieu naturel :** Amérique du Sud (Venezuela). Savanes, plateaux, sols sableux. Climat tropical, fortement changeant, créant d'importantes amplitudes thermiques.

– **Description :** plante vivace terrestre, de 3 cm de diamètre. Feuilles rondes, à spatulées. Petites fleurs blanches, pétales aux marges dentelées.

### ▸ CONDITIONS PARTICULIÈRES DE CULTURE

– **Température :** 15 à 30 °C l'été, 12 à 18 °C l'hiver.
– **Lumière :** très forte luminosité.
– **Arrosages :** maintenir le substrat humide, ne jamais laisser la base du pot tremper dans l'eau.
– **Hygrométrie :** 70 à 80 %.
– **Substrat :** par exemple 50 % de tourbe blonde, 30 % de sable, 20 % de vermiculite.
– **Période de repos :** hiver.
– **Parasites et maladies :** pucerons, champignons.
– **Remarque :** je ne peux malheureusement vous apporter de conseils pertinents, tant la culture de cette espèce est difficile. Je cherche depuis de nombreuses années des solutions pour remédier à la perte systématique de plants, dès qu'ils ont atteint un certain stade de développement. Actuellement seule la culture *in vitro* me permet de maintenir un stock. Mes prochains essais se feront avec un grand volume de substrat, fortement disproportionné par rapport à celui des racines.

# *Drosera barbigera*
## Droseraceae

### ▶ PRÉSENTATION GÉNÉRALE

– **Milieu naturel**: Australie de l'Ouest (bande de 600 km, 200 de large, entre Hyden et Eneabba). Il vit seulement sur les sommets des collines, sols de latérite, sableux, caillouteux. Climat sub-tropical, sub-humide.
– **Description**: plante plus ou moins vivace, terrestre, de 5 cm de diamètre. Feuille elliptique, 5 mm de long. Fleurs rouges ou orange, à centre noir, de 2 cm de diamètre.

**Appartenant au groupe des espèces dites « miniatures », il capture des petites proies vivant dans le substrat, comme les collemboles.**

### ▶ CONDITIONS PARTICULIÈRES DE CULTURE

– **Température**: 18 à 40 °C l'été, 5 à 15 °C l'hiver.
– **Lumière**: forte lumière, même du plein soleil.
– **Arrosages**: tenir humide pendant la période de croissance (décembre à mai-juin), le reste du temps, il est nécessaire d'apporter l'eau avec parcimonie, éviter juste le point de flétrissement.
– **Hygrométrie**: 40 à 70 %.
– **Substrat**: mélange de sable (quartz) en forte quantité (80 %), tourbe blonde (10 %) et drainage grossier (10 %).
– **Période de repos**: en été, la plante ne vit que quelques mois en culture.
– **Parasites et maladies**: pucerons, botrytis qui sévit au stade des gemmes.
– **Remarque**: l'une des plus belles du groupe, la conservation se mérite. Ne perdez pas espoir; un amateur pourtant chevronné, habitant la région de Bordeaux, tente inlassablement depuis longtemps d'en réussir la culture.

# *Drosera graomogolensis*

## Droseraceae

**Voici un très beau droséra érigé. Sa culture délicate vous demandera une bonne dose de persévérance pour obtenir une plante adulte.**

### ▸ PRÉSENTATION GÉNÉRALE

- **Milieu naturel :** originaire du Brésil, dans les États de Bahia, Goiás, Minas Gerais, sur les formations rocheuses appelées *campos rupestres*. Il pousse la plupart du temps dans des savanes humides, sur sol sableux, parmi une végétation herbacée. Climat tropical de montagne. Son nom provient de l'endroit ou l'holotype a été découvert : Grào-Mogol.
- **Description :** plante vivace de 15 à 30 cm de haut. Feuilles oblongues, qui s'allongent ainsi que la tige avec l'âge. Hampes florales portant de fleurs roses.

### ▸ CONDITIONS PARTICULIÈRES DE CULTURE

- **Température :** 15 à 30 °C l'été, 12 à 18 °C l'hiver.
- **Lumière :** situation lumineuse, sans soleil direct l'été.
- **Arrosages :** supporte d'avoir la base du pot qui baigne dans 3 à 5 cm d'eau toute l'année.
- **Hygrométrie :** 80 à 90 %.
- **Substrat :** 50 % de tourbe blonde en mélange à 50 % de sable ou de perlite.
- **Période de repos :** estivale.
- **Parasites et maladies :** surtout les pucerons.
- **Remarque :** après l'échec cultural de ma 1re plante, qui me fut donnée par mon ami regretté Pierre Sibille, l'un des fondateurs de l'association française Dionée. Mes échecs se sont répétés pendant plusieurs années, jusqu'à ce que je découvre qu'elle avait besoin en permanence d'une culture en terrarium, même dans une serre.

# *Drosera* x *beleziana*

## Droseraceae

**Bien que décrit en 1895 à partir d'échantillons récoltés dans un marais de Seine-et-Oise, il semblerait que cet hybride naturel n'existe pas à l'état sauvage en France.**

### ▸ PRÉSENTATION GÉNÉRALE

– **Milieu naturel :** hémisphère Nord (Amérique du Nord, Europe : Grande-Bretagne, Asie). Dans les tourbières, avec ses deux parents, *D. rotundifolia* et *D. intermedia*. Climat tempéré. Décrit par G. Camus en 1895, il porte le nom de Mlle Belèze, à l'origine de sa découverte.

– **Description :** plante vivace terrestre, caulescente, de 7 cm de haut. Feuilles semi-érigées, obovales. Fleurs blanches portées par une tige florale droite et non genouillé, ce critère est essentiel pour le différencier de D. intermedia.
Ne peut pas être non plus confondu avec *D.* x *obovata*.

### ▸ CONDITIONS PARTICULIÈRES DE CULTURE

– **Température :** 15 à 30 °C l'été, - 15 à 10 °C l'hiver.
Culture uniquement en extérieur, tourbière aménagée.

– **Lumière :** soleil.

– **Arrosages :** laissez agir le climat, mais surveillez de façon à maintenir le substrat marécageux.

– **Hygrométrie :** 70 à 80 %.

– **Substrat:** par exemple 100 % de sphaigne vivante.

– **Période de repos :** hiver.

– **Parasites et maladies :** pucerons.

– **Remarque :** mes recherches personnelles, en 15 ans sur le territoire, sont toujours restées infructueuses. J'en suis arrivé à l'hypothèse que la très grande rareté de cette plante en France s'explique par le fait qu'elle n'y pousse sans doute pas... et que les deux uniques échantillons, décrits en 1895, ainsi que les nombreuses récoltes faites jusqu'à nos jours, correspondent en fait à des formes de *Drosera intermedia* dont le feuillage est polymorphe.

# *Drosera anglica*
## Droseraceae

### ▸ PRÉSENTATION GÉNÉRALE

– **Milieu naturel :** hémisphère Nord (Amérique du Nord, y compris l'Alaska, Europe, Japon, île Sandwich de Kauai !). Marais tourbeux, plutôt mésotrophes. Climats, tempéré, froid, tropical (en altitude). Ce *drosera* était connu jusquà très récemment sous le nom de *Drosera longifolia.*Une étude de D. Schnell de 1999 sur des populations d'Amérique du Nord remet en cause le rang taxonomique de *D. anglica*, celui-ci serait peut-être d'origine hybridogène entre *D. linearis* et *D. rotundifolia*. On trouverait des plants fertiles et d'autres non fertiles. De nombreux points noirs restent à élucider, par exemple celui d'un des parents *D. linearis* qui ne pousse qu'en Amérique du Nord.

– **Description :** plante vivace terrestre, de 10 à 20 cm de haut. Feuilles allongées, étroites. Fleurs blanches.

**Si vous souhaitez le découvrir dans son milieu naturel, n'oubliez pas vos bottes. Il fréquente les zones les plus humides des tourbières.**

### ▸ CONDITIONS PARTICULIÈRES DE CULTURE

– **Température :** 15 à 30 °C l'été, - 15 à 10 °C l'hiver. Culture uniquement en extérieur, tourbière aménagée.

– **Lumière :** soleil.

– **Arrosages :** laissez agir le climat, mais surveillez de façon à maintenir le substrat marécageux.

– **Hygrométrie :** 70 à 80 %.

– **Substrat :** par exemple 100 % de tourbe blonde.

– **Période de repos :** hiver.

– **Parasites et maladies :** pucerons.

– **Remarque :** les Drosera poussant en France sont difficiles à conserver. Le *Drosera anglica* doit être absolument cultivé à l'extérieur. J'emploie pour cela des grands contenants de 250 litres, remplis de tourbe blonde utilisée pure. Il semble mieux se développer sur la tourbe nue, que sur la sphaigne.

▸ Droséra dans une tourbière au mois de juin en Écosse.

# *Drosera regia*
## Droseraceae

**D'ampleur remarquable, il est sans conteste le plus majestueux. Vivant en Afrique du Sud, dans une seule vallée, il est considéré comme un archétype du genre.**

### PRÉSENTATION GÉNÉRALE

– **Milieu naturel :** vallée de Bains Kloof Range près de Cape Town. Zone montagneuse, sols sableux, tourbeux, sur des graviers, dans les lits de ruisseaux. Climat tempéré.
– **Description :** plante vivace terrestre, pouvant atteindre 70 cm de haut. Feuilles linéaires. Hampe florale de 40 cm de haut, portant de grandes fleurs roses.

### CONDITIONS PARTICULIÈRES DE CULTURE

– **Température :** 18 à 30 °C l'été, 5 à 15 °C l'hiver.
– **Lumière :** bonne luminosité, apprécie même le plein soleil.
– **Arrosages :** adoptez la technique décrite p. 19.
– **Hygrométrie :** 70 à 80 %.
– **Substrat :** par exemple 70 % de tourbe blonde, 20 % de sable, 10 % de vermiculite.
– **Période de repos :** hiver.
– **Parasites et maladies :** principalement les pucerons.
– **Remarque :** pendant de nombreuses années, j'ai perdu régulièrement mes plantes-mères. Cultivées pourtant en grands pots de 30 cm de profondeur, presque aucune ne survivait aux étés chauds du Sud-Ouest de la France. Cela devenant problématique, j'ai effectué un rempotage dans de plus grands contenants. Depuis, les pieds poussent, fleurissent abondamment chaque année, et plus aucun ne succombe. Quitte ici à me répéter, et ne pas avoir peur du ridicule, je conseille de choisir un contenant disproportionné par rapport à celui de la plante. Gardez toujours à l'esprit que l'esthétique doit passer après la survie de vos plantes.

# *Drosera schizandra*
## Droseraceae

### ▶ PRÉSENTATION GÉNÉRALE

– **Milieu naturel :** Australie (Queensland : endémique du mont Bartle Frere), dans les sols de sable humide, des forêts de pluie. Climat tropical.
– **Description :** plante vivace terrestre, de 20 cm de diamètre. Feuilles obovales. Hampe florale, de 12 cm de long.

**Ses rosettes à forte dominante verte, d'où émergent des fleurs rouge pourpre, sont tentantes. Mais si vous n'êtes pas un collectionneur aguerri, ne succombez pas à son charme.**

### ▶ CONDITIONS PARTICULIÈRES DE CULTURE

– **Température :** 18 à 35 °C l'été, 18 à 25 °C l'hiver.
– **Lumière :** pas de soleil direct, pousse bien sous tube fluorescent.
– **Arrosages :** adoptez la technique décrite p. 19.
– **Hygrométrie :** 80 à 90 %. Jamais en dessous.
– **Substrat :** par exemple 80 % de sable, 10 % de tourbe blonde, 10 % de polystyrène.
– **Période de repos :** légère en hiver, mais suivant les températures prodiguées, elle peut pousser toute l'année.
– **Parasites et maladies :** pucerons et champignons.
– **Remarque :** très difficile, il faut absolument lui procurer la chaleur et l'humidité qu'il réclame. Un substrat à base de sphagnum vivant pur peut aussi lui convenir. Il se multiplie spontanément grâce à des stolons souterrains, ce qui sera bienvenu, afin d'avoir quelques plantes en réserve.

# Drosophyllum lusitanicum
## Droseraceae

**La plante distille un parfum suave à longueur d'année. Les insectes attirés par tant de douceur finissent englués dans cette rosée trompeuse qui leur sert de linceul.**

### ▸ PRÉSENTATION GÉNÉRALE

– **Milieu naturel :** Europe du Sud-Ouest (Espagne, Portugal), Afrique du Nord (Maroc). Pousse dans des pinèdes sèches, sols sableux et rocailleux. Climat tempéré, semi-humide.
– **Description :** plante vivace terrestre, de 30 à 60 cm de haut. Feuilles filiformes. Fleurs jaunes 2 à 4 cm de diamètre.

### ▸ CONDITIONS PARTICULIÈRES DE CULTURE

– **Température :** 18 à 40 °C l'été, 5 à 15 °C l'hiver.
– **Lumière :** forte luminosité (soleil) ou mi-ombre.
– **Arrosages :** avec parcimonie, maintenir le substrat légèrement humide en hiver et au printemps. L'été et l'automne, au sec (attendre presque le point de flétrissement pour arroser). Jamais d'eau sur le dessus de la terre ; l'apporter par-dessous, à l'aide d'une soucoupe.
– **Hygrométrie :** 40 à 60 %.
– **Substrat :** par exemple 40 % de tourbe blonde, 40 % de sable, 10 % de perlite, 10 % de vermiculite.
– **Période de repos :** été, automne.
– **Parasites et maladies :** maladies cryptogamiques.
– **Remarque :** la quantité satisfaisante de graines que donne cette plante et leur bonne germination pourraient nous suffire. Revers de la médaille, son espérance de vie en culture est courte (le temps d'une floraison) alors qu'elle est assez longue dans la nature. Je pense que le point essentiel réside dans la compréhension de son régime d'arrosage.

# *Genlisea pygmaea*
## Lentibulariaceae

### ▸ PRÉSENTATION GÉNÉRALE

– **Milieu naturel :** Amérique du Sud (Venezuela, Brésil). Marais, sur sol humide, sableux. Climat tropical, fortement changeant.
– **Description :** plante vivace terrestre, de 2 à 4 cm de diamètre, feuilles spatulées de 1 à 2 cm de long, couvertes de mucilage. Pièges diaphanes, en forme de fourche, possédant une petite cavité. Petites fleurs jaunes.

### ▸ CONDITIONS PARTICULIÈRES DE CULTURE

– **Température :** 18 à 30 °C en été, 16 à 20 °C l'hiver.
– **Lumière :** bonne luminosité.
– **Arrosages :** vous devez ici utiliser une soucoupe plus haute que le pot. Pendant la période de croissance (printemps-été), tenir le niveau d'eau juste en dessous du bord supérieur du pot. Le reste de l'année, maintenir l'eau au quart de la hauteur du pot.
– **Hygrométrie :** 80 à 90 %.
– **Substrat :** par exemple 90 % de sable grossier (diamètre 3,5 à 5 mm), 10 % de tourbe blonde.
– **Période de repos :** hiver.
– **Parasites et maladies :** attention aux pucerons sur les hampes florales.
– **Remarque :** c'est avec l'utilisation de pots ajourés en plastique, immergés, que j'obtiens le meilleur résultat. De même, ayant utilisé des sables plus fins, le résultat fut nettement moins bon.

**Les fleurs de ce genre se confondent facilement avec celles des utriculaires. Comptez les divisions du calice : il est de 5 pour les *Genlisea* contre 2 chez les *Utricularia*.**

# *Nepenthes lowii*
## Nepenthaceae

**Bien que cette plante soit devenue un classique chez les collectionneurs, elle reste néanmoins l'une des plus surprenantes par la forme de ces urnes.**

### ▸ PRÉSENTATION GÉNÉRALE

- **Milieu naturel :** Asie du Sud-Est, sur l'île de Bornéo. Il pousse sur diverses montagnes, parmis lesquelles, entre autres : le mont Kinalu, le mont Tambuyukon, le mont Murud, à des altitudes variant entre 1 650 et 2 600 m. Les sols sont à dominance tourbeuse. Climat tropical de montagne. Son nom lui fut donné en l'honneur de Sir A. Hugh Low.
- **Description :** plante vivace terrestre de 8 m à 10 m de haut. Feuilles oblongues, lancéolées. Urnes supérieures très singulières, ventrues à la base, étroites au centre et évasées sur la partie supérieure. Péristome réduit à un simple ourlet, le capuchon possède de longs poils sous sa surface intérieure. Inflorescence de 45 cm de long.

### ▸ CONDITIONS PARTICULIÈRES DE CULTURE

- **Température :** 18 à 25/30 °C en été, 8 à 15 °C en hiver.
- **Lumière :** situation lumineuse éviter les rayons directs du soleil en été.
-**Arrosages :** maintenir le sol humide tout au long de l'année, sans laisser la base du pot tremper dans l'eau.
- **Hygrométrie :** 80 à 90 %.
- **Substrat :** 30 % de tourbe blonde, 50 % de sphagnum non vivant, 20 % de perlite, bien mélangé le tout.
- **Période de repos :** entre décembre et avril et parfois en été quand les températures sont au-dessus de 35 °C.
- **Parasites et maladies :** surtout les cochenilles à carapaces.
- **Remarque :** classer cette plante devenue commune en collection parmi les espèces difficiles a de quoi surprendre. Pourtant, cette banalité cache une croissance délicate et très lente. Après différentes recherches de substrat, il semblerait qu'un sol acide et aéré favorise la pousse rapide de la plante.

# *Nepenthes macrophylla*
## Nepenthaceae

### ▸ PRÉSENTATION GÉNÉRALE

– **Milieu naturel :** Bornéo (mont Trus Madi). Sols ultramafiques (riches en fer et magnésium), forêts moussues. Climat tropical, humide, d'altitude. Ce Nepenthes est actuellement et officiellement reconnu comme une espèce à part entière.
– **Description :** plante vivace terrestre, ou épiphyte de 10 m de haut. Feuilles oblongues, urnes cylindriques de 28 cm de haut. Inflorescence de 23 cm de haut.

### ▸ CONDITIONS PARTICULIÈRES DE CULTURE

– **Température :** 18 à 25/30 °C en été, 16 à 18 °C en hiver.
– **Lumière :** bonne luminosité, éviter les rayons directs du soleil en été.
– **Arrosages :** maintenir le sol humide tout au long de l'année, sans laisser la base du pot tremper dans l'eau.
– **Hygrométrie :** 80 à 95 %.
– **Substrat :** par exemple 50 % de fibre de coco, 10 % d'écorces stabilisées, 10 % de gravier, 10 % d'argile, 10 % de polystyrène, 10 % de vermiculite.
– **Période de repos :** hiver.
– **Parasites et maladies :** surtout les cochenilles à carapaces.
– **Remarque :** splendide plante, dont la culture se rapproche de *Nepenthes rajah*. Apport d'engrais, par vaporisation foliaire chez les jeunes plants, par arrosage au pied chez les plantes adultes, comme pour toutes les espèces du genre.

**Venant lui aussi de la grande île de Bornéo, il est remarquable par l'ensemble des appendices qui entourent l'orifice de l'urne. Ce caractère est très prononcé chez les plantes adultes.**

# *Nepenthes rajah*
## Nepenthaceae

### ▸ PRÉSENTATION GÉNÉRALE

– **Milieu naturel :** Bornéo (monts Kinabalu et Tamboyukon). Milieu ouvert, sur sols ultramafiques (riches en fer et magnésium), herbeux. Climat tropical, humide, d'altitude.
– **Description :** plante vivace terrestre, prostrée, de 1 à 1,50 m de haut, feuilles oblongues, lancéolées, urnes ellipsoïdales de 35 cm de haut. Inflorescence jusqu'à 1 mètre de haut. Bien qu'on ait occasionnellement retrouvé de petits rats dans ses urnes, ce n'est pas, loin de là, son régime principal.

**Pour son malheur, on a découvert de jeunes rats dans ses urnes : la curiosité suscitée par cette gloutonnerie auprès des collectionneurs a failli le faire disparaître.**

### ▸ CONDITIONS PARTICULIÈRES DE CULTURE

– **Température :** 18 à 25/30 °C en été, 16 à 18 °C en hiver.
– **Lumière :** bonne luminosité, éviter les rayons directs du soleil en été.
– **Arrosages :** maintenir le sol humide tout au long de l'année, sans laisser la base du pot tremper dans l'eau.
– **Hygrométrie :** 80 à 95 %.
– **Substrat :** par exemple 50 % de fibre de coco, 10 % d'écorces stabilisées, 10 % de gravier, 10 % d'argile, 10 % de polystyrène, 10 % de vermiculite.
– **Période de repos :** hiver.
– **Parasites et maladies :** surtout les cochenilles à carapaces.
– **Remarque :** sa culture, jugée comme très difficile, a malgré tout progressé, depuis la mise sur le marché de plants provenant de culture in vitro. On a souvent mentionné son inaptitude à supporter les températures chaudes (+ de 25 °C), et j'ai longtemps incriminé cette cause pour mes propres pieds. Mes meilleurs résultats proviennent d'un rempotage dans le substrat à base de fibre de coco mentionné ci-dessus, dans lequel ils ont très rapidement quadruplé de volume. Chose étonnante, la serre où ils sont placés atteint 40 °C l'été.

◂ Népenthès rajah dans le parc national de Malaisie.

# *Pinguicula alpina*
## Lentibulariaceae

**Le réchauffement annoncé de notre planète reléguera-t-il sur les plus hautes terres de notre pays cette petite et séduisante grassette artico-alpine qui ne pousse que dans des endroits aux températures estivales peu élevées ?**

### ▸ PRÉSENTATION GÉNÉRALE

- **Milieu naturel :** dans les régions de plaines et de montagnes d'Europe et d'Asie (Alpes, Pyrénées, Finlande, Sibérie, Himalaya, etc.). Du niveau de la mer jusqu'à plus de 4 000 m, son caractère ubiquiste au niveau de ce besoin altitudinal est unique dans le genre. Elle croit sur une grande variété de sol : à composante acide, calcaire, neutre.
- **Description :** petite plante vivace à rosette de 5 cm à 10 cm de diamètre. Feuilles elliptiques vertes ou rouges, parfois légèrement rosâtres. Fleurs blanches à tache jaune à la gorge.

### ▸ CONDITIONS PARTICULIÈRES DE CULTURE

- **Température :** idéal maximum 25 °C l'été, - 30 à 10 °C l'hiver.
- **Lumière :** en plein soleil ou à l'ombre.
- **Arrosages :** tenir juste le sol humide en hiver, détremper en été. Attention, s'il fait plus de 30 °C, réduire l'humidité du sol.
- **Hygrométrie :** 60 à 80 %.
- **Substrat :** par exemple 50 % de tourbe bonde acide ou alcaline, 25 % de perlite, 10 % d'argile, 15 % de sable.
- **Période de repos :** l'hiver, l'été (dû à la chaleur en culture).
- **Parasites et maladies :** fusarium et pucerons.
- **Remarque :** j'ai mis en évidence, il y a déjà quelques années, l'importance des plantes compagnes dans la culture de nos grassettes. Cette notion était déjà connue dans les milieux horticoles, mais je crois bien que personne au monde n'avait pratiqué cela avec les pinguiculas. N'arrachez plus les herbes indésirables qui poussent avec vos plantes, elles sont bénéfiques à leur croissance. Par exemple on peut implanter : *Eriophorum angustifolium, Carex davaliana, Trichophorum, Erica tetralix*... Ne pas oublier de les tailler une fois par an en hiver.

# Pinguicula filifolia
## Lentibulariaceae

**D'une introduction récente, elle évoque par son aspect un Drosera. Les quelques essais de culture nous laissent entrevoir le long chemin restant à faire pour la maîtriser.**

### ▸ PRÉSENTATION GÉNÉRALE

– **Milieu naturel :** Ouest de Cuba (région de Pinar del Rio). Savanes marécageuses, sol sableux, avec un peu d'humus, dans les zones dégagées. Climat tropical, humide.
– **Description :** plante vivace terrestre, de 15 à 20 cm de haut. Feuilles filiformes. Fleurs de couleurs variables, bleu, roses, jaunes.

### ▸ CONDITIONS PARTICULIÈRES DE CULTURE

– **Température :** 20 à 35 °C l'été, 20 à 25 °C l'hiver.
– **Lumière :** forte luminosité.
– **Arrosages :** tenir le sol humide, toute l'année.
– **Hygrométrie :** 80 à 90 %.
– **Substrat :** difficile de préconiser un substrat, car de tous ceux qui ont été essayés, aucun n'est significativement supérieur. Toutefois pour ne pas rester dans le « désert », on peut essayer 80 % de sable, plus 20 % de tourbe.
– **Période de repos :** pas vraiment.
– **Parasites et maladies :** sensible au botrytis l'hiver.
– **Remarque :** un grand merci à P. Temple d'Angleterre, talentueux orateur, passionné du genre *Pinguicula*. Il m'a aimablement fourni les graines, pour initialiser des cultures. Elle s'avère très difficile à conserver, hors de l'application *in vitro*. La solution réside peut-être dans le respect des exigences climatiques. Elle semble sur ce point ne tolérer aucun écart de température, aussi faible soit-il.

# Pinguicula vallisneriifolia

## Lentibulariaceae

**L'une des quelques plantes carnivores à supporter les eaux calcaires. Elle illumine, par ses fleurs bleues ou blanches, les parois de certaines gorges espagnoles.**

### ▸ PRÉSENTATION GÉNÉRALE

– **Milieu naturel :** Espagne du Sud (Sierra de Almijara, de Cazorla, de Ségura, de Villas). Rochers calcaires suintants. Climat méditerranéen, station des plantes dans un microclimat, plus frais.

– **Description :** plante vivace, lithophyte, de 50 cm de diamètre. Ses feuilles estivales linéaires, en forme de lanière, de 25 cm de long, font d'elle une des géantes du genre. Fleurs de 25 à 30 mm de long.

### ▸ CONDITIONS PARTICULIÈRES DE CULTURE

– **Température :** 15 à 25/30 °C maximum, 5 à 10 °C l'hiver. Mes tentatives de culture extérieure toute l'année ont échoué.

– **Lumière :** éviter le soleil direct.

– **Arrosages :** délicat, maintenir le sol humide pendant la période de croissance, ne pas laisser la base du pot tremper dans l'eau. L'hiver, le sol doit rester frais, avec une légère humidité.

– **Hygrométrie :** 70 à 80 %.

– **Substrat :** par exemple 70 % de calcaire marneux (on doit ici endosser la peau du géologue), que vous récolterez avec parcimonie, sans saccager la zone naturelle. Ajoutez pour le drainage 20 % de perlite, 10 % vermiculite.

– **Période de repos :** hiver.

– **Parasites et maladies :** pucerons, escargots, mulots.

– **Remarque :** l'utilisation d'un substrat adéquat semble primordial, si on veut essayer de conserver cette grassette. À ma grande déception, aucun mélange artificiel n'a été probant pour remplacer le calcaire marneux.

# *Roridula gorgonias*
## Roridulaceae

### ▸ PRÉSENTATION GÉNÉRALE

– **Milieu naturel :** Afrique du Sud (région près des villes de Stellenbosch, Caledon, Swellendam). Sols sableux. Climat tempéré. Le genre *Roridula* possède deux espèces.
– **Description :** plante vivace terrestre, arbustive de 60 cm de haut. Feuilles linéaires, lancéolées. Fleurs roses de 3 cm de diamètre.

### ▸ CONDITIONS PARTICULIÈRES DE CULTURE

– **Température :** 18 à 30 °C l'été, 5 à 10 °C l'hiver.
– **Lumière :** forte luminosité, même le plein soleil.
– **Arrosages :** sol maintenu humide en profondeur tout le long de l'année, chose facile, si vous utilisez des contenants de 70 cm de haut sur 50 cm de large. Elle va chercher cette humidité avec ses racines.
– **Hygrométrie :** 50 à 60 %.
– **Substrat :** par exemple 70 % de tourbe blonde, 20 % de sable, 10 % de vermiculite.
– **Période de repos :** en été dans ma pépinière gersoise.
– **Parasites et maladies :** surveillez uniquement les moisissures qui se développent sur les feuilles mortes.
– **Remarque :** très sensible à l'humidité de l'air en toutes saisons, car elle développe des champignons sur le feuillage. Les têtes des branches sont détruites les premières et la plante meurt quelques semaines après. Pour la conserver, il lui faut impérativement un endroit ventilé. Enfin, pour noircir encore le tableau, sa germination est très mauvaise.

**Carnivore ou pas, je citerai ici les propos de P. Jolivet, éminent entomologiste : « qu'elle assimile ou non ses proies, le fait qu'elle les capture est déjà en lui-même intéressant ».**

# *Utricularia endresii*

## Lentibulariaceae

**Autrefois elle avait sa place dans les serres, près des somptueuses orchidées. Il est vrai que le célèbre orchidéiste Reichenbach l'avait nommée " Lentibulariaceous Orchid ".**

### ▸ PRÉSENTATION GÉNÉRALE

– **Milieu naturel :** Amérique Centrale et Nord-Ouest de l'Amérique du Sud (Costa Rica, Colombie, Équateur, Panama). Dans la mousse qui recouvre les arbres des forêts humides. Climat tropical, humide, d'altitude.

– **Description :** plante vivace, épiphyte, stolonifère. Feuilles oblongues à oblongues-elliptiques. Fleurs de 4 cm de long, de couleur lavande ou lilas, avec une tache jaune.

### ▸ CONDITIONS PARTICULIÈRES DE CULTURE

– **Température :** 18 à 30 °C l'été, 16 à 20 °C l'hiver.

– **Lumière :** bonne luminosité, pas de soleil direct.

– **Arrosages :** la base du pot doit baigner dans un peu d'eau, pendant la période de croissance. En période de repos, tenir le sol légèrement humide.

– **Hygrométrie :** 80 à 90 %.

– **Substrat :** par exemple 70 % de racine de fougère, 20 % de polystyrène, 10 % de perlite.

– **Période de repos :** 1 à 2 fois par an, souvent après la floraison.

– **Parasites et maladies :** surtout oïdium.

– **Remarque :** les tubercules qu'elle forme laissent supposer une phase de repos dans son environnement naturel, induite, peut être, par des conditions défavorables. En culture, l'entrée en dormance des plantes marque le début d'une phase délicate, car trop d'humidité les fait pourrir.
Le substrat à base de racines de fougère, très drainant, a donné les meilleurs résultats.

# Utricularia multifida
## Lentibulariaceae

### ▸ PRÉSENTATION GÉNÉRALE

– **Milieu naturel :** Australie de l'Ouest (approximativement sous une ligne reliant la ville de Perth à celle d'Albany). Bords des marais, sols moussus, rochers granitiques, sables tourbeux. Climat tempéré à subtropical.
– **Description :** plante annuelle terrestre, de 2 cm de diamètre. Feuilles spatulées, pièges de 4 mm de long. Fleurs roses, très rarement blanches.

**Anciennement nommé *Polypompholyx multifida*, il est aujourd'hui regroupé au sein des Utricularia, les différences au niveau de l'inflorescence étant jugées insuffisantes pour en faire un genre à part.**

### ▸ CONDITIONS PARTICULIÈRES DE CULTURE

– **Température :** 10 à 15 °C en hiver.
– **Lumière :** soleil.
– **Arrosages :** vous devez ici utiliser une soucoupe plus haute que le pot et tenir le niveau d'eau juste en dessous du bord supérieur du pot pendant toute la période de croissance (automne-hiver).
– **Hygrométrie :** 60 à 80 %.
– **Substrat :** elle semble apprécier un substrat très sableux, comme 70 % de sable et 30 % de tourbe blonde.
– **Période de repos :** la plante à croissance hivernale ne vit que quelques mois. Elle meurt généralement après la floraison.
– **Parasites et maladies :** pucerons.
– **Remarque :** il faut ressemer tous les ans cette plante, à la germination aléatoire. Elle reste, comme les nombreuses espèces annuelles du genre, très difficile à maintenir en culture. C'est regrettable, car sa floraison est une des plus belles avec ses fleurs si singulières.

# Parasites et maladies

Il serait facile d'imaginer que ces végétaux sont à l'abri des parasites, mais il n'en est rien. Pour les combattre, vous trouverez facilement les produits dans le commerce.

**ACARIENS**
minuscules "araignées" de 1 à quelques mm, pompant la sève et tissant des toiles blanches sur le feuillage (surtout *Brocchinia, Dionaea, Nepenthes, Sarracenia*). Utilisation d'un insecticide biologique en alternance avec un acaricide courant. Prudence, ces derniers sont souvent phyto-toxiques pour la plante.

**ALEURODES**
"mouches" blanches, elles adorent l'Ibicella qui pourtant les capture, comme les autres espèces à feuilles collantes. Traitement avec un insecticide biologique.

**CHENILLES**
celles dites défoliatrices font surtout des dégâts sur *Pinguicula*. Le meilleur traitement est l'utilisation d'un produit biologique contenant *Bacillus thuringiensis*. Les *Sarracenia* sont parasitées par les genres *Exyra* et *Papaipema*, fort rares en culture.

**COCHENILLES**
il en existe de deux sortes : à carapaces et floconneuses, surtout sur *Catopsis, Brocchinia, Nepenthes* et *Sarracenia*. Les premières ont l'aspect d'une coque marron, les secondes ressemblent à de petites masses blanches. Traitez avec un produit anti-cochenilles autorisé au jardin (à base d'huile minérale paraffinique).

**PUCERONS**
bien connus, ils attaquent toutes les espèces, même les aquatiques (hampes florales). Facile de s'en débarrasser avec un insecticide biologique ou chimique, mais prudence avec ce dernier, car les *Byblis, Drosera, Pinguicula* ont un feuillage sensible.

**LIMACES ET ESCARGOTS**
dévorent surtout les *Pinguicula*, parfois les *Drosera* et *Sarracenia*. Utilisation d'anti-limace, de préférence bio (phosphate ferrique d'origine minérale, sans danger pour les animaux domestiques).

**RONGEURS**
protégez vos *Pinguicula* à hibernacles ; cet organe est une vraie "friandise" pour eux. Placez des appâts empoisonnés.

**CHAMPIGNONS**
des genres *Botrytis, Pythium, Phytophtora, Oïdium*. Leurs infections, souvent sournoises et rapides, ne vous laissent que peu de temps pour agir. Utilisez des fongicides du commerce.

*Urne de sarracénie attaquée par des cochenilles floconneuses, provoquant l'apparition d'un champignon au feutrage noir, nommé fumagine.*

# Annexes

## La protection des plantes carnivores

Certaines sont plus ou moins menacées de disparition ; heureusement des mesures sont prises pour protéger les milieux où elles vivent, ainsi que les plantes elles-mêmes.
À noter l'introduction des plantes carnivores sur la liste Cites* (Annexes I et II). Y figurent les *Dionaea, Nepenthes, Sarracenia*, dont le commerce est de ce fait, réglementé et contrôlé.
*Byblis, Cephalotus, Darlingtonia*, précédemment inscrits sur cette liste, ont été retirés en 2000.
Il se peut parfois que ces genres et quelques autres soient concernés par des mesures de protection dans leurs pays, par exemple l'Aldrovanda et les Drosera en France par l'arrêté du 20 janvier 1982.
En 1997, la « Liste Rouge des Plantes Menacées » de l'IUCN mentionne 7 genres sur les 18 (*Dionaea, Drosera, Nepenthes, Pinguicula, Sarracenia, Triphyophyllum, Utricularia*). Des espèces leur appartenant sont concernées.
Il est donc absolument nécessaire que vous n'achetiez que des plantes provenant de pépinières. Et bien sûr, celles qui appliquent les réglementations internationales, et celles de leur propre pays, sur la protection des espèces végétales d'origine sauvage.
Vous devez détenir les justificatifs (factures, tickets, feuilles d'échange). À titre d'exemple, *l'Aldrovanda* doit être munie d'une étiquette légale, prouvant que la plante provient de culture agréée, ainsi que d'une facture.

**Pour l'acquisition en métropole :**

- des espèces de Drosera et d'une *Utricularia*, vivant en France
- de plantes inscrites au Cites. Il faut une facture ou un justificatif de l'acquisition.

Pour l'acquisition en provenance de pays étrangers (CEE) :

- de plantes protégées dans le pays
- de plantes inscrites au Cites. Il faut une facture (ou un justificatif) pour les plantes en Annexe II. Il faut une facture (ou un justificatif) et obligatoirement un certificat Cites d'exportation pour celles de l'Annexe I.

**Pour l'achat en provenance de pays étrangers (hors CEE)**

- de plantes protégées dans le pays
- de plantes inscrites au Cites. Il faut une facture (ou un justificatif) et obligatoirement un certificat Cites d'exportation et d'importation, quelle que soit l'Annexe, ainsi qu'un certificat phytosanitaire.

**Cites : Convention sur le commerce international des espèces de flore et de faune sauvages menacées d'extinction (dite Convention de Washington).*

## Pour en savoir plus

### LE MONDE ASSOCIATIF

Association francophone des Amateurs de Plantes Carnivores :
Association Dionée
Mairie de Lyon
Jardin Botanique
69205 Lyon Cedex 01
www.dionee.org

Rossolis. www. rossolis. org

À l'étranger, elles sont très nombreuses. La plus importante et incontournable est :
The International Carnivorous Plant Society
ICPS, Inc.
2530 Patra Drive
Richemond, CA 94803, USA
www.carnivorousplants.org
Elle possède dans son site des liens très divers sur le sujet.

### VOIR DES PLANTES CARNIVORES

En France, les jardins botaniques institutionnels (Besançon, Brest, Lyon, Nancy, Orléans, Paris, Rouen...), les jardins privés qui se visitent — Micropolis 12, Parc floral de Haute-Bretagne, Bambouseraie de Prafrance, Végétales Visions... — vous permettront entre autres de les admirer. La visite des tourbières aménagées (Auvergne, Dordogne...) est une excellente approche des biotopes qui les abritent.
Depuis juin 2003, un jardin botanique consacré aux carnivores est ouvert chez l'auteur (Nature et Paysages : adresse ci-contre).

### ADRESSES DE PRODUCTEURS

**Nature et Paysages**
www.natureetpaysages.fr
Un des plus vaste choix de la planète ou abonde les espèces rares.
32360 Peyrusse-Massas

**Carniflore**
www.carniflore.com
Cette pépinière récente propose un petit choix de plantes, qui devrait s'étoffer au cours des années à venir.
55 rue de Quimper
29710 Pouldreuzic

**Karnivores**
www.karnivores.com
Outre un choix conséquent de plantes carnivores, propose aussi des orchidées, des broméliacées, des cactées.
Voie communale 1 Mittlerer, Erlen-Weg.68000 Colmar

Il existe de par le monde d'autres pépinières, vous trouverez leurs adresses auprès des associations ou sur internet.

### BIBLIOGRAPHIE CONSULTÉE

**Articles**
HESLOP-HARRISON Y. « Carnivorous plants », *Scientific American,* vol. 238, n° 2, 1978.
JOLIVET P., VASCONCELLOS NETO J. « Convergence chez les plantes carnivores », *La Recherche,* n° 253, 1993.
JEBB M., CHEEK M., « A Skeletal Revision of Nepenthes », Blumea, 42, 1997.
GIBSON R. « The Drosera spatulatha complex... », *Communication personnelle,* 1999.

**Bulletins & Associations**
Carnivorous Plant Newsletter, Journal de l'ICPS.
Dionée, revue d'amateurs de plantes carnivores.

**Ouvrages**
BAFFRAY M., BRICE F., TOURNIER J.P. *Nature et culture des plantes carnivores,* Edisud, 1989.
BAFFRAY M., BRICE F., DANTON P. *Les Plantes carnivores, des pièges au détour de l'image,* Nathan, 1992.
CASPER C.J. *Monographie der Gattung Pinguicula, Bibliotheca Botanica*, 1966.
CLARKE C. *Nepenthes of Borneo,* Natural History Publication, Borneo, 1997.
JOLIVET P. *Les Plantes*

*carnivores*, coll. Sciences et découvertes, n° 22, Le Rocher, 1987.

JUNIPER B.E., ROBINS R.J., JOEL D. *The carnivorous plants*, Academic Press, 1989.

LECOUFLE M. *Comment choisir et cultiver vos plantes carnivores*, Bordas, 1989.

MCPHERSON S., SCHNELL D. *Sarraceniaceae of North America*, Redfern , 2011.

MCPHERSON S, WISTUBA A., FLEISCHMANN A., NERZ J. *Sarraceniaceae of South* America. Redfern, 2011.

## CRÉDIT PHOTOGRAPHIQUE

Toutes les photos sont de l'auteur, sauf : BIOSPHOTO : D. Dennis/OSF (p. 2), P. Goetgheluck (pp. 12-13), R. Dirscheri (p. 27), P. Giraud (p. 35), F. Press (p. 40), J. Carmichael Jr/ Photoshot (p. 60-61), T. Van Baelinghem (p. 70), H. Chellé (p. 96), F. Chanson (pp. 108-109), J.-C. Munoz (p. 116), F. Blanchard : pp. 10, 23, Y. A. Utz : (p. 36), L. Sadtchikoff : (p. 62 h).

**Dessins :** Mickaël Mourot (p. 19 haut droite, 20, 21, 31, 38) et Bruno Conquet (p. 19 hg et b).

## REMERCIEMENTS

Les années se sont écoulées entre la première édition de ce livre et cette réédition. La partie des remerciements, que certains pouvaient voir comme désuète à l'époque, reste toujours essentielle à mes yeux. Les personnes furent nombreuses, pendant ces dix dernières années, à mélanger leurs pas aux miens, sur le chemin fascinant de la « carnivorie végétale ». Toutes celles, énumérées ci-dessous, de près ou de loin, ont pris une part importante dans ma passion. À vous tous, ma profonde reconnaissance et de tout cœur, merci.

Il me reste toujours aussi peu de place pour cette partie. Excusez les oublis. Donc bloc ! Mme A. Raynal-Roques qui m'a fait l'honneur de préfacer ce livre. Mon maître René Pical, du haut de ces 95 ans. L'indéfectible soutien de M. Y.-M. Allain. Les collectionneurs, qui ont bien voulu écrire quelques lignes sur leur expérience : Pierrejean, Fournol, Auber, Utz, Zunino, Hugentobler, Lavayssiere, Chantepie. Les jardins botaniques institutionnels, avec entre autres P. Richard, M. Delmas, P. Millet. Mais aussi, pour leur fidèle présence, M. et P. Logeais, N. et R. Pardo, C. et C. Venet, S. Faye, L. Mustin, J. Piquet, N. et W. Texier-Khedi et Fred de Ghe, P. Sanvert, R. Savelli, J.-L. Marcenac, E. et F. Maraux, J.-P. et V. Goursaud, D et G. Callen, L. Legendre, E. Partrat, S. Joly, G. Lardy, L. Perrot, D. ET M. Gal-De Latour et Damien. Une pensée toute particulière pour L. Gaume et V. Bonhomme qui m'ont permis de me grandir, ainsi que G. Puech, F. Bonifassy, V. Bazile, J.-P. Ulmet, P. Henriquel et B. Guillaume. Je n'oublierai pas ici, l'aide irremplaçable : N. Dellas, E. Riondé, A. Perrot, I. Haidji, I. Fournet et le chevalier botaniste J. Grimoud. Sans oublier, mes parents, mon frère, Guy et Mauricette. L'aide et l'affection irremplaçable de ma compagne et notre chien Floc plein de promesses. C'est terminé, je vous laisse, car il est l'heure de déguster une tranche de foie gras avec un verre d'armagnac à la main.

# Index



ISBN 978-2-84138-520-1

8 rue Blanche 75009 Paris
Tél. 01 48 05 03 03
Fax 01 48 05 02 04
www.editions-ulmer.fr
Réalisation : Julia Verneau
Impression : Printer, Trento

FSC
www.fsc.org
MIXTE
Papier issu de sources responsables
FSC® C015829

Dépôt légal : mars 2012
*Printed in Italy*
N° d'édition : 520-01